네 명의 억만장자와 한 명의 주차관리원

## FOUR BILLIONAIRE AND A PARKING ATTENDANT
© 2023 BY CHRISTOPHER ULLMAN

Original English language edition published by Amplify Publishing Group
620 Herndon Parkway, Suite 220, Herndon Virginia 20170, USA.
Arranged via Licensor's Agency: DropCap Inc. through ALICE Agency, Seoul
All rights reserved.
Korean translation copyright © 2025 by SEOSAMDOK Co., Ltd.

이 책의 한국어판 저작권은 앨리스에이전시를 통한
저작권사와의 독점 계약으로 ㈜서삼독에 있습니다.
저작권법에 의해 한국 내에서 보호를 받는 저작물이므로 무단전재와 복제를 금합니다.

FOUR BILLIONAIRES
*and*
A PARKING ATTENDANT

# 네 명의 억만장자와
# 한 명의 주차관리원

**부의 거인들과 한 명의 현자가 들려준,
인생을 바꾸는 40가지 이야기**

크리스토퍼 올만 지음 | 박영준 옮김

서三삼독

**일러두기**

- 본문 하단의 각주는 독자 이해를 돕기 위한 옮긴이 주입니다.
- 국내에 출간된 도서는 출간명을, 출간하지 않은 도서는 원서명을 번역하여 적었습니다.

아서와 데이비드, 빌, 댄에게
이 책을 바칩니다.

### 들어가는 말

## "나는 36년간 억만장자들에게서
## 인생을 배웠습니다"

언젠가 친구 한 명이 이런 말을 한 적이 있다. "나는 너처럼 억만장자 밑에서 일해본 적도 없고 심지어 그런 사람을 만나본 적도 없어." 그 말을 들으니 내가 사업, 정치, 권력의 세계에서 뛰어난 업적을 달성한 억만장자와 거물들을 36년 동안 옆에서 관찰하고, 그들을 위해 일하고, 그들에게 배울 수 있었던 것이 얼마나 큰 특권이었는지를 새삼 깨달았다.

아닌 게 아니라 나는 오직 극소수의 사람만이 경험할 수 있는 특별한 세상에서 일하고 있다. 이곳은 분기별 연방 소득세를 내기 위해 2,500만 달러짜리* 수표를 쓰는 사람들의 세계다(당신 생각이 맞다. '0'이 여섯 개 붙은 바로 그 금액이다! 내가 워싱턴 DC에서 처음 일자리를 얻었을 때 연봉은 1만 6,000달러에 불과했다).

---

\* 달러 환율 1,400원 기준, 350억 9,500만 원에 해당한다.

또 경매에서 2,130만 달러를 주고 마그나 카르타* 원본을 사들여서 워싱턴 국립 공문서관에 빌려주는 사람들의 세계이며, 대학 야구 경기를 관람하기 위해 개인 전용 제트기를 타고 가는 사람들의 세계다.

비록 이 세계가 사람들 대부분에게 이질적으로 느껴지고, 내가 자라온 환경(교외에 자리 잡은 중산층 집, 사립 학교가 아니라 공립 학교, 여름휴가 대신 여름 아르바이트를 택해야 했던 환경)과도 크게 다르지만, 어쨌든 지금은 그곳이 나의 세계다. 그동안 내가 갔던 곳, 만났던 사람들, 보고 경험한 일, 그리고 내게 주어졌던 수많은 기회를 생각하면 머리가 어질어질할 정도다.

반스 앤 노블이나 아마존 같은 온라인 도서 쇼핑 사이트의 '조언advice' 부문에 들어가보면 대개 두 가지 형태의 도서가 눈에 띈다. 하나는 돈 많고 영향력 있는 사람들이 직접 쓴 회고록("나는 어떻게 성공했나")이고, 또 하나는 경영대학원 교수나 리더십 전문가들이 돈 많고 영향력 있는 사람들을 이야기한 책("그들은 어떻게 성공했나")이다. 내가 개인적으로 가장 좋아하는 회고록은 이 책에도 등장하는 사람들이 저술한 두 권의 저서, 즉 아서 래빗Arthur Levitt이 쓴 《월가에 맞서는 사람들Take on the Street》과 루 거스너Louis V. Gersntner, Jr.의 《코끼리가 춤을 출 수 없다고 누가 말했나?Who Says Elephants Can't Dance?》이다.

---

\* 1215년 영국의 존 왕과 귀족들 사이에 체결한 정치적 계약서. 대헌장이라고 불린다.

이런 회고록의 공통점 중 하나는 그 책을 읽은 사람들이 자신도 모르게 '그들 vs. 우리'라는 이분법적 관념에 빠지기 쉽다는 것이다. 사람들 대부분은 억만장자를 생각할 때, 또는 국회의사당과 백악관에서 활동하는 권력자들을 TV에서 봤을 때, 그들이 《크리스마스 캐럴》에 나오는 스크루지나 영화 〈월스트리트〉에 등장하는 고든 게코처럼 탐욕에 가득한 사람일 거라고 넘겨짚는다. 심지어 예수님도 "부자가 하늘나라에 들어가기는 낙타가 바늘귀를 통과하기보다 어렵다."라고 말씀하시지 않았나.

삶에서 어마어마한 성공을 거둔 사람들이 자기가 그렇게 신과 같은 위치에 도달한 비결을 이야기할 때(물론 그들은 최선을 다해 겸손한 태도로 말하지만), 그 말 안에는 '그들과 우리'를 가르는 한계나 장벽이 어느 정도 포함되어 있을 수밖에 없다. 그들이 아무리 논리적이고 체계적으로 자신의 성공 비결을 털어놓는다고 해도, 평범한 사람들이 감히 신이 되기를 상상하는 것은 아무래도 역부족으로 느껴진다.

경영대학원 교수나 리더십 전문가들이 쓴 책에는 또 다른 문제가 있다. 그런 책들은 성공한 사람들을 개인적으로 관찰한 결과물이라기보다는 그 사람들의 행동이나 업적에 대한 '사후 분석'을 바탕으로 이를 연구해서 저술한 책이 대부분이다. 따라서 저자들이 그 책을 구상하고, 조사하고, 쓰고, 편집하고, 출판하는 과정을 거치고 나면 독자들은 성공한 사람들로부터 이미 서너 단계를 건너

뭔 간접적인 조언을 받게 되는 셈이다.

《네 명의 억만장자와 한 명의 주차관리원》은 그 점에서 근본적으로 다르다. 나는 이 책의 교훈을 '고수의 발밑에서' 직접 배웠다. 나는 리더십에 관련된 교훈이나 삶에서 중요한 조언을 들려달라고 개인적으로 부탁해서 이 책을 쓴 게 아니다(물론 그들이 평소에 많은 교훈을 말로 전해주기는 했다). 대부분의 교훈은 그들의 '행동'에서 그대로 드러났다. 행동이야말로 억만장자들의 성품과 특징을 들여다볼 수 있는 더 확실하고 중요한 단서다.

내가 엄청난 성공을 이룬 사람들 주변에서 함께 일했던 시간은 인간의 조건과 본질을 익히는 실습의 과정이었다. 그들은 평범한 사람들이 오직 꿈에서만 도달할 수 있는 최고 위치에 오른 인물들이다. 그러나 다른 한편으로는 그들도 많은 약점을 지닌 평범한 인간일 뿐이다. 그 사람들이 성공을 추구하게 된 동기는 돈, 명예, 영향력, 의미 있는 삶 등을 포함해 저마다 다양하고 복잡하다. 감정도 있고, 지혜도 있다. 그것도 엄청나게 많은 지혜를. 이 책에는 내가 억만장자들의 세계를 어떻게 여행하게 됐는지, 그 세계에 도착해서 무엇을 배웠는지가 고스란히 담겨 있다.

본격적인 이야기 여행을 떠나기에 앞서 나에 대한 소개를 먼저 해볼까 한다.

### 아들아, 네 '삶의 잔'은 내 것보다 크다

나는 다섯 살이 되던 1968년에 〈스피드 레이서〉라는 만화영화를 TV에서 본 뒤 스포츠카에 푹 빠져버렸다. 이 만화영화는 미국에서 처음으로 큰 인기를 끈 일본 애니메이션이다(지금 봐도 멋지다. 유튜브로 찾아보라.) 그때 나는 결심했다. 언젠가는 스포츠카를 꼭 사고 말 테야.

내가 생애 최초로 구매한 '스포티' 카는 1990년형 마쯔다 미아타였다. 나는 이 차를 16년 동안 몰고 다녔다. 아이들이 태어나면서 가족들을 이 2인승 자동차에 다 태울 수 없게 되자, 폰티악 G6 지붕 개폐형 모델로 차를 바꿨다. 스포츠카와 달리 뒷좌석이 달려있다는 사실이 조금 아쉽기는 했지만, 차는 그럭저럭 괜찮았다. 그러다 4세대 미아타 RF 지붕 개폐형 2인승 차량을 구매하면서 행복을 되찾았다. 물론 스포츠카가 아니라 여전히 '스포티'한 자동차였을 뿐이지만, 이 차는 돈이 아깝지 않을 만큼 많은 즐거움을 안겨주었다.

2018년 컨설팅 비즈니스를 시작하면서 아내와 나는 한 가지 의견에 동의했다. 내가 언젠가 진짜 스포츠카를 사서 〈스피드 레이서〉의 주인공처럼 될 수 있다면, 이를 삶의 성공이라고 부르기로 하자는 것이었다. 다행히 사업은 처음부터 순조롭게 흘러갔고(나를 믿어준 고객들 덕분이다), 나는 코로나-19가 한창 기승을 부리던

2020년 겨울 포르쉐 박스터 S 모델을 좋은 조건으로 손에 넣을 수 있었다. 예술과도 같은 자동차이자 엔지니어링의 걸작이라 부를 만한 작품이었다.

여기에서 내가 왜 뜬금없이 스포츠카 이야기를 늘어놓은 걸까? 간단히 말해 이 자동차는 내가 세상에서 가장 재능이 뛰어나고, 가장 강력하게 동기 부여되고, 가장 성공적인 사람들과 보낸, 지난 수십 년 세월을 상징하는 결과물이다.

여기서 고작 자동차 한 대를 손에 넣은 것이 그 결과물의 전부냐고 질문하는 독자는 없기를 바란다. 나 역시 마음의 평화, 직업적 만족감, 개인적 성취감 등을 훨씬 중요하게 생각하는 사람이니까. 나는 단지 자동차를 좋아하는 사람이고, 처음 사회 경력을 시작해서 지금 있는 곳까지 어떻게 오게 됐는지를 은유적으로 표현하기 위해 자동차를 예로 들었을 뿐이다.

나는 전형적인 중산층 가정에서 자라났다. 멋진 스포츠카는 먼 발치에서 바라보기에 즐겁고 군침이 도는 대상이었지만 나 같은 사람에게는 실용적이지도 않고 현실적이지도 못한 물건에 불과했다. 어렸을 때는 매서피쿼 파크\*에 있는 집에서 롱아일랜드 동쪽의 햄튼스까지 110킬로미터나 되는 거리를 친구들과 함께 자전거로 달리면서 길 위를 질주하는 포르쉐, 페라리, 애스턴 마틴, 람보

---

\*   미국 뉴욕주 동남부 롱아일랜드 서남부의 도시

르기니 같은 스포츠카를 보고 감탄했던 기억이 난다. 그 자동차들은 내가 속한 세계와 전혀 다른 세상에서 온 물체처럼 느껴졌다. 그리고 사실이 그랬다.

우리 가족이나 이웃들은 뷰익, 쉐비, 마즈다 같은 자동차를 몰고 다녔다. 저녁을 외식으로 하는 일도 드물었고, 휴가 때는 뉴욕주 북쪽의 외딴 오두막에서 등산과 사냥을 하며 시간을 보냈다. 아버지들은 대부분 혼자 돈을 벌었으며(주로 회사에서 중간 관리자 정도로 일하는 분들이었다) 어머니들은 전업주부로서 아이들을 키웠다. 봄에는 리틀 리그 야구 경기가 펼쳐졌고(나는 팀에서 포수를 맡았다), 일요일에는 교회(성 로사 성당)에서 미사에 참석한 뒤 이탈리아 빵집에서 따뜻한 어니언 롤과 설탕을 입힌 도넛을 먹었다. 아이들은 술래잡기나 숨바꼭질 놀이를 하면서 나름 즐겁게 시간을 보냈다. 때로는 마을 회관에 모여 공예품 만들기, 스케이트보드 타기, 범퍼 풀\*이나 셔플 보드\*\* 같은 게임을 하며 어울렸다.

10대 시절의 나는 꽤 자유분방한 소년이었다. 여름날 아침이면 차고에서 슈윈 스팅레이나 바시티 10단 기어 자전거를 꺼내 들고 온종일 바깥을 돌아다니다가 저녁때가 되어서야 집으로 돌아오곤 했다.

---

\*   테이블 위에서 장애물을 피해 상대방 주머니로 공을 집어넣는 게임
\*\*  테이블이나 바닥에 놓인 원반들을 긴 막대를 이용해 숫자판 쪽으로 밀어내어 점수를 얻는 게임

나는 평범함에 만족할 줄 아는 가정에서 자라났다. 부모님은 우리가 안전한 지역에 자리 잡은 보통의 주택에서 살아가고, 아버지가 그루먼 코퍼레이션*에서 안정적인 직업을 갖고 있다는 사실을 마치 복권이라도 당첨된 양 큰 행운으로 여겼다.

그러나 나는 고등학교에 다니면서 한 가지 안타까운 사실을 깨달았다. 아버지는 자신의 능력으로 가능하다고 생각했던 목표를 달성한 뒤에는 그 이상 발전하기를 멈췄다. 아버지는 지속적인 성장이나 개선을 중요하게 생각하지 않았다. 본인이 1940년 말에서부터 1950년대 초까지 이뤄낸 일에 더없이 만족해했다.

그런 사고방식은 자식을 키우는 데도 영향을 미쳤다. 특히 내가 10대를 거치는 동안 아버지는 철저하게 자유방임적인 태도로 일관했다. 아버지는 내가 고등학교를 마칠 때까지 AP 강좌**를 들어보라고 용기를 북돋운 적이 한 번도 없었다. 나는 SAT 시험을 준비하고, 원하는 대학교에 지원하고, 그 대학을 방문하는 일까지 모든 것을 혼자 해냈다. 아버지는 스포츠카를 사겠다는 나의 꿈을 달갑지 않게 여겼다.

매서피쿼 파크에서도 유명한 인물이 몇 명 배출됐다. 예를 들면

---

\*    미국의 항공 우주 기업. 나중에 노스럽 코퍼레이션과 합병해서 노스럽 그루먼이 되었다.
\*\*   대학 학점 선취득 과정

코미디언 제리 사인펠트, 배우 알렉 볼드윈, 작가 론 코빅 같은 사람들이었다. 조이 부타푸오코 같은 악명 높은 범죄자도 있었다. 하지만 그런 유명 인사와 달리 우리는 하루하루 힘들게 삶을 이어가는 평범한 사람들이었다. 우리는 억만장자, 주지사, CEO, 고위 관료, 외교관, 대학 총장 같은 사람을 알지 못했으며, 그런 사람들과 함께 일하거나 이야기를 나눌 기회도 없었다. 따라서 그들이 회사를 세우고, 가치를 창출하고, 사람들의 삶을 바꾸고, 부를 이루고, 수백만 달러를 기부하고, 세상을 더 나은 곳으로 만드는 과정에서 무엇을 생각하고 어떻게 행동했는지 알 도리가 없었다. 우리가 보기에 그들은 전혀 다른 세상에서 살아가는 사람이었다.

아버지는 헬리콥터 부모\*와 한참 거리가 멀었고 본인이 직접 성공을 이루는 데도 별 관심이 없었다. 하지만 매서피쿼 파크 바깥쪽에 더 크고 활기찬 세계가 존재한다는 사실만은 알고 있었다(아버지의 그런 면모는 어린 시절 내게 일종의 인지부조화로 작용했다. 아버지는 2019년에 세상을 떠났다).

아버지는 한참 자라나는 내 머릿속에 영원히 잊지 못할 두 가지 표현을 심어주었다. "세상은 너의 '굴oyster'이다."\*\* 그리고 "네 '삶의 잔'은 내 것보다 크다." 굴과 삶의 잔은 모두 '기회'를 의미하는 아버지 식의 은유였다. 아버지는 내가 학교에서 열심히 공부하고, 올

---

\*     자녀의 일거수일투족을 참견하고 삶을 통제하려 드는 극성 부모
\*\*    굴을 쉽게 까먹을 수 있는 것처럼 마음만 먹으면 못 할 일이 없다는 은유적 표현이다.

바른 길을 선택하고, 주어진 기회를 잘 이용하면 아버지보다 훨씬 많은 일을 이룰 수 있음을 알려주고 싶어 했다. 어린 시절 복잡한 일을 겪으며 성장기를 보낸 아버지는 나를 좀 더 '행복한' 버전의 자기 자신으로 바라봤는지도 모른다.

아버지가 나를 위해 외워준 주문呪文은 내 두뇌 깊은 곳에 자리 잡았고(《스피드 레이서》와 함께), 내가 60세가 넘은 지금까지도 삶 속에 스며들어있다. 아버지는 '삶의 잔'이라는 개념을 알려주었을 뿐 아니라, 내게 삶 자체를 선사했다. 그건 아버지가 남겨준 가장 큰 선물이었다.

### 워싱턴에서 일어난 일들

1987년 대학을 졸업하고 워싱턴 DC로 이사한 일은 내 삶의 잔에 수많은 굴을 부어 넣는 계기가 됐다. 아버지의 예언은 옳았다. 세상은 기회로 넘쳐났다.

쉽게 말해 내가 처음 얻은 일자리(작은 언론 홍보 대행사)에서 수행한 첫 번째 프로젝트부터 시작해 모든 것이 변했다. 나는 1988년 대통령 선거에 출마한 델라웨어 주 전 주지사 피트 듀퐁을 위해 선거 캠페인 행사를 하나 진행하게 됐다. 내게는 힘겨운 데뷔 무대였다. 방안을 가득 채운 중요 인물들과 머리를 맞대고 행사가 완벽하게 진행되도록 최선의 노력을 기울여야 했다. 다행히 이벤트는 성공적으로 마무리됐으며, 나는 그 일을 계기로 향후 36년간 이어지는 학습, 실험, 성장, 좌절, 회복, 그리고 (신께 감사하게도) 발전의 여정에 나설 수 있게 됐다.

그다음에는 미네소타의 쌍둥이 도시 출신 하원의원 로드 그램스의 홍보 담당 보좌관으로 자리를 옮겼다. 그러나 그 사람들은 나를 좋아하지 않았고, 나도 그들이 마음에 들지 않았다. 내가 그곳에서 해고된 것은 결과적으로 다행스러운 일이었다. 그 덕분에 더 큰 기회의 문이 활짝 열렸기 때문이다.

나는 미네소타의 길 위에 쌓인 뽀얀 먼지를 샌들로 헤치고 다니다 미 하원 예산위원회에서 일하는 친구 마리 휘트에게 전화를 걸었다. "이제 공화당이 하원에서 다수당으로 올라섰으니(1994년의 선거 역사를 참조하라) 예산위원회에서도 홍보 담당 보좌관이 필요하지 않을까?" 그녀는 아마 그럴 거라고 대답했다. 나는 인터뷰를 거쳐 하원 예산위원회의 홍보 담당자 일자리를 얻었다. 그 뒤에는 미국 증권거래위원회SEC와 백악관의 예산관리국에서도 홍보 책임자로 일했다.

이 일자리들은 스트레스가 심했다. 항상 골치 아픈 문제(연방 예산과 주식시장)와 씨름하고, 정부의 고위 관료들에게 조언하고, 기자들과도 매일 대화를 나눠야 했다. 게다가 나는 정치가들에 의해 지명된 사람으로서 늘 상사의 뜻에 따라 업무를 처리해야 했으므로 직업적 안정성도 부족했다. 불안감이 얼마나 컸으면 주위 사람들에게 가끔 이렇게 농담을 던질 정도였다. "누군가 말 한마디만 잘못하면 그날로 짐 싸는 거야."

2001년, SEC의 전직 동료 송별 파티에 참석했을 때 SEC의 전 의장이었던 아서 래빗과 마주쳤다. 그 역시 2001년 초에 위원회를 떠난 상태였다. 아서는 나를 한쪽으로 데려가더니 자기가 방금 데이비드 루벤스타인David M. Rubenstein과 이야기를 나눴다고 말했다. 데이비드는 글로벌 투자회사 칼라일Carlyle의 CEO이자 이사회 의장으로서 자기 회사에서 첫 번째 홍보 책임자 역할을 맡아줄 사람을 찾고 있었다.

칼라일은 전 세계에 걸쳐 수백 개의 기업을 보유한 투자회사였지만 운영 방식은 단순했다. 물건(회사나 부동산)을 사들이고, 사들인 물건의 가치를 높이고, 3~5년 뒤에 높은 수익을 남기고 매각하는 것이다. 그들은 돈 많은 부자들이나 공적 연금 기금 같은 단체를 위해 투자를 대행하고 있었다. 하지만 이 회사는 평범한 투자 그룹이 아니었다.

백악관과 국회의사당 사이의 펜실베이니아 애비뉴에 자리 잡은 칼라일은 지난 36년 사이에 세계에서 가장 큰 규모의 운용 자금(처음에는 500만 달러에서 현재 4,000억 달러)과 가장 다각화된 투자 포트폴리오를 보유한 투자회사로 성장했다. 그들은 시장을 쥐락펴

락하는 힘을 발휘했고, 투자한 회사들의 수십만 근로자와 전 세계 수백만 연금 가입자들의 삶에도 영향을 미쳤다. 칼라일은 세계에서 가장 잘 알려진 브랜드(예를 들어 비츠 헤드폰이나 허츠 렌터카)들을 줄줄이 손에 넣었고, 콘퍼런스를 개최할 때는 전직 대통령(빌 클린턴, 토니 블레어, 조지 W. 부시)들을 연사로 초청했다. 또 월스트리트의 최고 은행들과 비즈니스를 했다. 우리도 칼라일에서 전화가 걸려올 때마다 즉시 응대했다.

내가 그곳에서 하게 될 일은 칼라일이 어떤 회사인지(그리고 어떤 회사가 아닌지)를 대중에게 분명히 알리는 것이었다. 내게는 일생에 한 번 찾아올까 말까 한 기회였다.

아서는 자기가 칼라일의 홍보 책임자로 나를 추천했으니 얼마 뒤에 데이비드가 전화를 할 거라고 말했다. 그런 뒤에 이렇게 덧붙였다. "데이비드가 일자리를 제안했을 때 거절하면 죽을 줄 알아."

데이비드와 나는 2001년 9월 10일 오전에 만나 아침 식사를 함께 했다. 다음 날 아침, 나는 데이비드에게 어제 시간을 내줘 감사하다고 손편지를 써서 보냈다. 그로부터 1시간 뒤, 테러리스트들에 의해 납치된 4대의 여객기가 뉴욕의 트윈타워를 무너뜨리고 펜타곤 건물 일부를 파괴하면서 3,000명의 무고한 생명을 앗아가는 참사가 벌어졌다.

그날 오후, 오사마 빈 라덴의 이복형제 한 명이 워싱턴에서 개최된 칼라일 그룹의 투자자 콘퍼런스에 모습을 드러냈다. 그건 7주

뒤 이 회사의 글로벌 커뮤니케이션 이사로 처음 일을 시작하게 될 내게 엄청난 시련과 위기를 안겨주는 순간이었다. 미국 공영 라디오 방송NPR의 〈온 더 미디어〉라는 프로그램 진행자는 내가 새로 시작한 일을 듣더니 "홍보 업계에서 최악의 일자리군요."라고 말했다(게다가 가장 해내기 어려운 일이기도 하다!).

그때까지 한 직장에서 가장 오래 근무한 시간이 4년에 불과했기에 칼라일의 홍보 부서를 18년간 이끌며 얻은 직업적 안정감은 놀랍고도 행복한 느낌을 안겨주었다. 물론 아내와 세 아이를 부양하고 주택 대출금을 갚아 나가기 위해서도 안정적인 직업이 필요했다.

하지만 나를 그토록 오랜 시간 이곳에 머물게 한 것은 세계적인 투자 기업으로서 확고한 브랜드를 구축하고자 하는 도전 의식, 똑똑하고 친절한 사람들과 함께 일을 해낸다는 뿌듯함이었다. 월스트리트의 투자회사들은 피도 눈물도 없이 돈만을 추구하며 먹느냐 먹히느냐의 싸움을 일삼는 곳으로 알려져 있다. 하지만 칼라일은 달랐다. 그들은 직원들 사이에 동료애가 넘쳐난다고 자부했고, 내가 그곳에서 일할 때는 정말로 그랬다.

칼라일은 신입 직원이나 중간 직급의 동료들이 회사의 리더들을 더 잘 이해할 수 있도록 점심시간을 이용해서 '도시락 회의'라는 비공식적 모임을 진행하곤 했다. 어느 해에는 나도 세 사람의 설립자(댄, 빌, 데이비드)를 만나 그들을 각자 인터뷰한 적이 있다. 그때 그 사람들에게 이런 질문을 던진 기억이 난다. "억만장자들은 물건의 가격이 어느 정도면 움찔하고 놀라나요?"

댄, 빌, 데이비드는 모두 개인 전용 비행기가 있다. 비행기는 한 대에 수천만 달러를 호가하고 이를 운영하는 데만도 연간 수백만 달러가 든다. 그런 한편 이 억만장자들도 매달 이발소에 간다. 그곳에서 내는 금액은 팁을 포함해서 수십 달러 정도일 것이다.

나는 부자들의 세계를 잘 몰랐기 때문에 억만장자들은 단지 상품이나 서비스의 가격만을 중요시할 거라고 지레짐작했다. 그 말은 값싼 물건(예를 들어 이발비)은 가치를 낮게 생각하고 비싼 물건(예를 들어 제트기)은 귀하게 여길 거라는 뜻이었다.

하지만 나의 생각은 틀렸다. 그것도 완전히.

칼라일의 설립자들은 질문에 각자의 방식으로 대답했으나 핵심적인 메시지는 똑같았다. "상품이나 서비스의 가격이 중요한 게 아니다. 그 가격의 대가로 얼마나 큰 가치를 얻었느냐가 중요하다." 쉽게 말해, 물건의 가격과 상관없이 내가 치른 돈이 그만한 값어치를 했는가를 따진다는 얘기다.

특히 빌은 그 대답을 아주 잘 요약해주었다. 만일 자기가 30달러를 내고 식당에서 스테이크를 주문했을 때 고기가 너무 익어서 퍽퍽했다면 기분이 좋지 않을 것이다. 반면 수천만 달러를 들여 자가용 제트기를 샀을 때 비행기의 성능이 회사가 광고한 대로 훌륭하다면 만족할 거라는 것이다.

나는 이런 사고방식이 부자들의 공통적인 생각인지, 혹은 댄,

빌, 데이비드처럼 자수성가한 사람들의 특징인지 잘 모른다. 내 생각에는 후자에 가까운 듯하다. 밤과 낮이 다르듯이 이 세 사람의 생각과 행동도 각자 다르다. 하지만 나는 그들과 수십 년간 함께 일한 사람으로서, 그들의 평범한 출발과 그토록 엄청난 부를 축적할 때까지 겪은 어려움이 합쳐져 그런 세계관이 형성됐다고 믿는다.

## '최고의 내'가 되기 위해

나는 이 책에 등장하는 부유하고 힘 있는 사람들을 가까이 관찰하고 그들을 성공으로 이끈 사고방식과 행동을 삶 속으로 받아들이면서, '최고의 내'가 되기 위한 프로세스(그건 끝이 있는 목표가 아니라 쉼 없는 여정이다)에 더욱 박차를 가하게 됐다. 이 접근방식은 헤아릴 수 없을 만큼 다양한 형태로 삶을 풍요롭게 만들어주었고, 직업과 취미 생활 모두에서 나를 성장시켜주었다. 나는 낮 동안에는 직장에서 숙련된 홍보 전문가로 활동 중이지만, 동시에 세계 휘파람 대회에서 네 차례나 우승한 휘파람 불기 챔피언이기도 하다(세상에는 그런 종목도 있다).

일례로 나는 칼라일의 억만장자 세 명과 함께 일한 덕분에 시간과 돈, 이들의 '인지된 가치' 사이의 관계를 예전보다 훨씬 잘 이해하게 됐다. 이제는 시간을 귀중히 여겨야 하고 돈은 도구에 불과하다는 사실을 누구보다 잘 알고 있다. 삶의 매 순간은 대단히 소중하며, 돈은 한 푼이라도 헛되게 쓰거나 꽁꽁 묶어두지 말고 좋은 곳에 사용해야 한다.

경제학에서 말하는 기회비용이라는 용어가 이 개념을 잘 포착한다. 특정 행위의 기회비용이란 그 행위를 선택함으로써 포기해야 하는 다른 행위의 가치 또는 혜택을 뜻한다. 나는 우리 아이들에게 이 개념을 설명할 때 잔디 깎는 일을 예로 들었다.

"아빠, 요즘은 왜 잔디를 깎지 않아요?" 다섯 살 난 딸아이가 이렇게 물었다.

"그건 아빠가 너희들과 함께 보내는 시간이 다른 사람에게 잔디 깎는 일을 맡길 때 내는 돈보다 더 소중하기 때문이지." 나는 이렇게 대답했다.

내가 직접 할 수도 있는 일을 다른 사람에게 맡기면 주말에 아이들과 놀아줄 시간이 늘어난다. 그 시간의 가치는 값으로 따질 수 없을 만큼 크다. 이를 1달러당 가치라고 부르든, 기회비용이라고 부르든 댄, 빌, 데이비드는 시간과 돈이 단지 도구에 불과함을 깨우쳐주었다. 내가 할 일은 이 도구를 장인들처럼 현명하고 신중하게, 그리고 생산적으로 활용하는 것이다.

나는 '행복'이 끝이 있는 목표가 아니라 도달해가는 여정이라고 생각한다. 마찬가지로 '성공'도 신이 내게 부여한 잠재력과 가능성에 조금씩 다가서는 과정이라고 믿는다.

이 책은 지난 25년간 대학생들과 사회 초년생들(또 어느 정도 사회생활을 경험한 직장인들)을 멘토링하면서 축적한 결과물이기도 하다. 나는 1990년대 중반부터 미국학 기금이라는 비영리단체의 이사회에서 활동하고 있다. 이 단체는 매년 수백 명의 학생을 워싱턴 DC로 데려와 그들에게 학문을 익히고 직업적 능력을 개발할 경험을 제공하는 훌륭한 조직이다.

나는 학생들을 멘토링할 때마다 과거에 함께 일했던 부유하고 힘 있는 상사들의 비범한 생각과 놀라운 행동에 관한 이야기를 들려준다. 그 사람들과 오랜 시간을 함께하며 배운 교훈과 그동안 겪은 감명 깊은 일화들은 이제 내 도구 상자를 가득 채우고 있다.

내가 학생들에게 이야기를 들려줄 때 그들의 눈이 반짝거리는 것을 보면 큰 보람을 느낀다. 만일 단 한 명의 독자에게라도 그런 효과를 발휘할 수 있다면, 이 책을 쓴 가치는 충분할 것이다.

책에서 소개하는 다양한 사례를 옆에서 직접 경험하는 동안 나 자신에게 질문하곤 했다. '이 성공적인 인물들과 똑같은 사람이 되고 싶은가?' 대답은 항상 '노'였다. 나는 그저 나 자신이 되고 싶을 뿐이다. 내가 바라는 것은 '최고의 내가 되는 것'이다. 물론 그런 사람이 되기 위해서는 비생산적이고 이기적인 생각과 행동을 버리고, 본인의 약점과 불완전함을 관리하는 도구를 개발하고, 기존의 강점에 더 많은 강점을 추가할 수 있어야 한다.

따라서 이 책의 목적은 (사람들의 짐작과는 달리) 당신을 큰 부자나 성공적인 사람으로 만드는 게 아니라, 당신이 최고의 자기 자신이 될 수 있도록 돕는 것이다. 그게 전부다. 당신을 그 누구와도 비교할 필요는 없다.

### 인생을 바꾸는 8개의 전략

《네 명의 억만장자와 한 명의 주차관리원》은 지금까지 내가 생각하고 행동하는 방식에 지대한 영향을 끼친 여덟 가지 인생 전략을 이야기한다.

나는 이 전략들에서 얻어낸 교훈을 다양한 상황에 적용하며 하루하루를 살아간다. 이제 이 전략들은 제2의 천성이 됐을 정도로 내게 익숙해졌지만, 나는 이들을 개선할 방법을 지금도 끊임없이 찾고 있다. 즉 내가 만나는 모든 사람에게서 새로운 통찰을 얻고 훌륭한 삶의 방식을 본받기 위해 노력한다는 뜻이다. 좋은 아이디어는 언제 어떻게 우리를 찾아올지 모른다. 평범한 주차관리원도 우리에게 위대한 삶의 지혜를 선사할 수 있다.

책에서 소개하는 일화 기반의 교훈들은 8개의 전략에 고르게 분배되어 있다. 이 삶의 재료들은 (다른 재료들과 적절한 비율로 배합됐을 때) 향기롭고 맛있는 음식으로 변할 것이다.

책에 등장하는 성공적인 인물들이 몸소 실천했던 전략은 다음과 같다. 사람마다 정도의 차이는 있겠지만, 나는 그들 각자가 이 중 대여섯 가지 전략에는 이미 고수의 경지에 올라있다고 믿는다.

### 하나, 강력한 목적의식

거인들의 공통점 중 첫 번째는 목적의식이다. 그들은 원대한 야망과 명확한 의도를 바탕으로 개인적·직업적 목표를 세우고 이를 향해 나아갔다.

### 둘, 성취의 기술

전통적인 지혜에 매몰되지 말고, 선명한 목표를 설정하고, 실패 앞에 좌절하지 말고, 꾸준히 일에 전념하라.

### 셋, 다리를 놓는 법

자신의 손으로 모든 문제를 해결할 수 없다. 이를 인정하고 타인의 의견을 적극적으로 수용하고, 남들과 공동의 혜택을 위해 협력하라.

### 넷, 인생에도 포트폴리오가 필요하다

삶의 생산성을 높여라. 전략적으로 인생을 설계하는 법, 내면의 우물에서 에너지를 끌어내는 법과 이를 재충전하는 법을 배우라.

### 다섯, 중요한 건 문제를 해결하는 것

결국 인생은 크거나 작은 문제를 해결하는 여정이다. 목표 지점까지 구체적인 경로를 설정하고 그곳에 도달하는 단계를 수립하라.

### 여섯, 실용적인 겸손함이 필요할 때

오만함은 악이다. 품위 있고 실용적인 삶의 자세를 유지하고, 에고를 억제하고, 충분할 때 그 충분함을 알라.

### 일곱, 때로 논리보다 감정으로 움직이게 하라

내가 만난 수십 명의 억만장자와 권력자들은 감정이 휘둘리기보다 논리적 사고에 기반한다. 그러나 감정이 중요한 때도 있다. 본인의 현재 모습에 자신감을 품고, 논리와 감정이 공존하게 하라.

### 여덟, 개인의 차원을 넘어서는 순간이 온다

어느 정도 부를 이루고 지위에 오르면 개인의 차원을 넘어서는 때가 온다. 이를 남의 일처럼 여기지 말라. 당신도 곧 그런 순간을 맞을 것이다. 세상에는 도움이 필요한 사람이 많다는 사실을 인지하고 내가 혜택을 받은 만큼 남들에게 돌려주어라.

### 당신의 '그것'을 찾아야 한다

　진화 생물학자들에 따르면 자연계의 여러 원소가 합쳐진 원시 수프*에 고도의 에너지가 가해져서 최초의 생명이 탄생했다고 한다. 마찬가지로 사람이 성공하기 위해서는 기술, 준비, 실행, 의욕 같은 요인들이 서로 조화를 이루어야 한다. '강력한 목적의식'은 그래서 중요하다. 내가 이 전략을 목록의 첫 번째에 올려둔 이유도 그 때문이다. 삶에서 엄청난 성공을 거둔 사람들은 하나같이 의도적으로 원대한 목표를 지향했다. 하이포인트 대학교 총장 겸 사업가 니도 쿠베인은 그 말을 이렇게 간단히 정리한다. "그들은 스스로 비범한 삶을 선택했다."

　이 책에 등장하는 인물들이 성공을 거둔 이유는 적절한 기술을 개발했고, 모든 것을 철저히 준비했고, 각자의 분야에서 달인이 될 때까지 준비한 바를 끊임없이 실행에 옮겼기 때문이다. 여기에 위험을 감수하는 태도, 두둑한 배짱, 실패로부터의 회복력, 그리고 약간의 '광기'도 물론 한몫을 했다. 하지만 가장 중요한 점은 그들이 진정으로 '그것'을 원했다는 것이다.

　그 사람들의 '그것', 당신의 '그것', 나의 '그것'은 모두 다르다. 중요한 점은 '그것'을 마음에 품고, 이를 현실화하기 위해 최선의 노

---

\*　　지구에 생명을 발생시킨 유기물의 혼합 용액

력을 쏟아야 한다는 것이다. 데이비드 루벤스타인의 '그것'은 세계에서 가장 성공적이고 가장 널리 존경받는 사모펀드를 만드는 것이었다. 억만장자가 되는 일은 데이비드의 목표가 아니었으며 단지 '그것'을 이루기 위한 끊임없는 노력의 결과물이었을 뿐이다.

1990년대 초, 나도 '그것'을 찾아냈다. 웃지 말라. 나의 '그것'은 세계에서 가장 휘파람을 잘 부는 사람이 되는 것이었다. 그래서 1993년에 미국 휘파람 불기 대회에 참여해(다시 말하지만 세상에는 그런 종목도 있다) 작은 상 하나를 받았고, 이 대회에서 1등 상을 받기 위해서는 무엇이 필요한지를 배웠다. 나는 휘파람 불기에 광적으로 몰두했고 쉴 새 없이 연습했다. 그리고 1994년에 열린 대회에 출전해서 당당히 그랜드 챔피언 타이틀을 차지했다. 그때까지 삶에서 뭔가를 그토록 간절히 염원해본 적이 없었다. 나는 그 후 7년 동안 같은 대회에서 세 차례 더 우승했고, 두 차례 2위에 올랐으며, 3위도 한차례 차지했다.

나의 다음번 '그것'은 최고의 홍보 전문가가 되는 것이었다. 그리고 좋은 남편, 인자한 아버지, 훌륭한 저술가가 된다는 '그것'도 생겨났다. 내게는 '그것'이 수없이 많다!

당신이 책에서 제시하는 전략과 교훈을 잘 이해하고 자신의 삶 속으로 받아들인다면 각자의 '그것'을 이루는 데 도움이 될 것이라 믿는다. 아무쪼록 이 전략과 교훈들이 당신의 직업적 성공과 개인적 성취에 필요한 통찰과 영감을 얻고, 실행 가능한 절차를 밟아가는 데 도움이 되기를 바란다.

　이 책을 성공의 도구로 활용하기 위해서는 먼저 겸손한 태도와 자신의 약점을 인정하는 마음가짐이 필요하다. 수많은 문제에 대한 해답을 전부 가진 사람은 없다. 우리는 주위 사람들에게 늘 도움을 구해야 한다.

　여덟 가지 전략을 하나씩 파악하면서 자신에게 이렇게 물어보라. 이 기술, 특성, 습관 중에 내가 이미 소유한 것은 무엇인가? 내게 없는 것은 무엇인가? 어떤 부분을 보완해야 하는가? 당신을 잘 아는 사람들과 이 전략의 목록을 공유하고, 그들이 당신의 현 상태를 솔직하게 평가하게끔 허락하라. 그들은 당신의 강점과 약점이 무어라고 생각하는가? 사랑하는 사람들이 당신을 건설적으로 비판하도록 마음을 활짝 열고, 그 위에 개인적 성장과 목표 달성을 향한 의욕을 쌓아 올린다면 '최고의 자신'을 설계해갈 수 있을 것이다.

차례

들어가는 말 "나는 36년간 억만장자들에게서 인생을 배웠습니다" 6

## 하나, 강력한 목적의식

1. "바보야, 얼마를 내느냐가 중요한 게 아니라 거래를 성사시키느냐 마느냐가 중요한 거야!" 38
2. 당신이 매일 하는 바로 그 행동이, 당신의 브랜드를 결정합니다 43
3. 마치 내가 후임자인 것처럼 생각하기 50
4. "문제를 들고 오지 마세요, 해결책을 갖고 오세요" 55
5. '무관한' 입장일 때도 '유관한' 사람인 것처럼 행동하라 60
6. 슈퍼마켓처럼 모든 상품에 투자하지 않는다 66

## 둘, 성취의 기술

7. 축구 선수는 공이 있는 곳으로 뛰는 게 아니라 공이 향할 곳으로 뛰어야 한다 78
8. "나는 경력을 의도적으로 관리했습니다, 아주 전략적으로요" 83
9. 그 라비의 거짓에 대처하는 법 89
10. 그저 삶이 다하기 전까지 많은 것을 이루고 싶을 뿐 94

## 셋, 다리를 놓는 법

11 '복도'를 벽으로 생각하지 않았어요 102
12 "당신도 개가 있고 나도 개가 있으니 우리는 친구입니다" 106
13 의견이 다른 사람과도 잘 지낼 수 있을까요? 112
14 적을 나의 편으로 만들기로 했다 118
15 "초록색 안대를 벗으세요" 123

## 넷, 인생에도 포트폴리오가 필요하다

16 슈퍼볼 경기 현장에서 날아온 이메일 130
17 "지금 아니면 언제? 나 아니면 누가?" 135
18 데이비드는 어떻게 전 세계의 돈을 끌어모으는가 140
19 나의 상사는 나의 메일을 읽지 않는다 144
20 IBM을 떠나면서 포트폴리오 인생이 시작되었다 149
21 "폐하, 어떤 음표를 줄이면 되겠습니까?" 153
22 "데이비드, 당신의 연설은 엉망이었습니다" 158

## 다섯, 중요한 건 문제를 해결하는 것

- 23  상황적 사고의 위력 168
- 24  "한 번의 거래가 무산되더라도
    리바운드된 공을 잡을 준비를 해야 합니다" 173
- 25  "애리조나의 해안가에 좋은 부동산이 하나 있습니다" 179
- 26  '듣고 싶은' 이야기가 아니라 '들어야 할' 이야기 185
- 27  암트랙 목장의 결투 190

## 여섯, 실용적인 겸손함이 필요할 때

- 28  손님의 식사 시중을 드는 억만장자 198
- 29  그 모두가 말은 쉽고, 성취는 어려우며, 겸손함은 부족한 탓이다 203
- 30  "모든 사람은 냄새나는 그곳을 갖고 있지요" 208
- 31  월스트리트에서 들을 수 없는 말 "돈은 더 이상 필요 없습니다" 210

## 일곱, 때로 논리보다 감정으로 움직이게 하라

32 그 억만장자는 자신의 능력이 아닌 '신의 덕분'이라 말한다  220
33 심각한 실적 발표 회의에 등장한 스마일 티셔츠  225
34 "부의 격차가 행복의 격차는 아니니까요"  231
35 글렌은 믿음을 숨기지 않는다  236
36 백악관에서 걸려온 전화  241

## 여덟, 개인의 차원을 넘어서는 순간이 온다

37 노숙자도 이름이 있다  250
38 여럿으로 이루어진 하나  255
39 당신의 돈이 수혜자에게 전달되는 모습을 가까운 곳에서 지켜보라  260
40 "업무가 아니라, 당신이 어떻게 지내는지 물은 거예요"  266

**나오는 말** 당신이 삼가야 할 일, 그리고 데이비드 루벤스타인의 10가지 메시지  270
**관계의 매트릭스**  283
**감사의 말**  300

하나,
강력한 목적의식

강력한 목적의식을 품는 일은 직업적 성공과 개인적 성취를 이루는 데 있어 가장 중요한 요소다. 내가 지난 25년간 대학생들이나 대학을 갓 졸업한 사회 초년병들을 멘토링할 때 자주 들려준 이야기가 바로 이 장에 담긴 교훈이다. 이 교훈들은 실질적인 데다 이해하기 쉬우며, 로켓 과학처럼 난해하지 않다.

　목적의식을 품는다는 말은 분명한 의도와 목표를 바탕으로 삶을 살아간다는 뜻이다. 또 호기심을 기르고 사물을 명확히 분별한다는 뜻이다. 그런 사람들은 아무 일 없이 빈둥거리는 시간을 없애고 철저한 계획을 바탕으로 하루를 보낸다. 목적의식이 풍부한 삶을 살기 위해서는 그만큼의 노력과 규칙이 필요하다. 즉 본인의 강점과 약점을 분명히 파악하고, 모험을 감수하고, 타인의 비판을 감정적으로 받아들이지 말고, 모든 기회의 장단점을 명확히 구분해야 한다.

　목적의식이 뚜렷한 사람들은 본인이 원하는 바를 이루고, 최고의 자아를 성취하고, 꾸준히 성장하고, 의미 있는 삶을 살아간다.

　이 장에 담긴 교훈들은 그래서 시의적절하고 강력하다. 이 장을 두 번 이상 읽고, 내면으로 받아들이고, 모든 면에서 자신을 반성해보라. 당신의 목적의식이 얼마나 강한지, 그리고 어느 부분에서 더 성장해야 하는지 측정할 방법을 생각해보라. 삶의 계획을 수립하는 데 이 교훈을 적절히 활용하라.

여기서 당신이 생각해야 할 질문은 다음 네 가지다.

1. 나는 자신의 강점과 약점을 타인에게 얼마나 솔직히 밝히는가? 남들의 피드백을 열린 마음으로 받아들일 수 있는가?
2. 나는 더 큰 호기심을 품고 삶의 목표를 찾아 나설 수 있는가?
3. 내게는 무엇이 가장 중요한가? 나는 성공과 성취를 어떻게 정의하는가?
4. 나는 주의가 산만한가, 아니면 집중력이 강한가?

# 1

"바보야, 얼마를 내느냐가 중요한 게 아니라
거래를 성사시키느냐 마느냐가 중요한 거야!"

빌 콘웨이

"이 회사의 기업 가치는 얼마입니까?" 투자 담당자가 작성한 메모에는 그 회사의 기업 가치가 10억 달러로 평가되어 있었다. 그리고 이 수치를 뒷받침하는 75장의 도표와 각종 그래프, 시장 분석 자료, 수많은 주석도 붙어있었다. 담당 팀은 그 회사를 인수하고자 하는 투자 업체들의 경쟁이 치열할 것으로 예상되므로 최종 낙찰 가격은 그보다 더 높을 수도 있다고 말했다.

칼라일의 투자 위원회는 그 회사에 과연 10억 달러를 투자할 가치가 있는지(그보다 높은 금액은 그만두고라도)를 여러 시간에 걸쳐 토론했다. 그들은 지나칠 만큼 신중히 검토한 끝에 그 회사에는 딱 10억 달러까지만 투자할 가치가 있다고 결론 내렸다. 결국 그 회사는 다른 투자사가 11억 달러에 인수했다. 칼라일은 10억 달러라는 최초의 제안을 바꾸지 않았다.

그건 좋은 의사결정이었을까? 이를 판단하려면 먼저 차입매수*라는 형태의 인수합병이 어떻게 이루어지는지 이해할 필요가 있다. 예를 들어 어떤 회사의 기업 가치가 10억 달러라면, 인수자는 총 인수 금액의 40퍼센트(4억 달러)를 현금으로 지급하고 60퍼센트(6억 달러)는 금융기관에서 빚을 낸다. 만일 5년 뒤에 그 회사가 다른 투자자에게 20억 달러에 팔린다면, 이를 처음 인수한 업체는 6억 달러의 대출액을 갚고도 14억 달러라는 차액을 손에 쥐게 되는 셈이다. 이는 인수자가 현금으로 투자했던 4억 달러의 3.5배에 달하는 금액이다.

그렇다면 최초의 매입 가격이 11억 달러로 조금 올랐다고 해보자. 인수자가 현금과 부채를 앞의 경우와 똑같은 비율로 투입한다고 가정하면, 4억 4,000만 달러를 현금으로 내고 6억 6,000만 달러를 은행에서 빌릴 것이다. 그리고 마찬가지로 5년 뒤 회사를 20억 달러에 매각한다. 인수자는 6억 6,000만 달러의 부채를 갚고도 13억 4,000만 달러를 남긴다. 이 금액 역시 원래 투자했던 4억 4,000만 달러의 3배가 넘는 돈이다.

당신이 처음 투자한 돈이 3배나 불어난다면 이는 환상적인 투

---

\* 인수자가 기업 인수에 필요한 자금을 마련하기 위해서 금융기관으로부터 대출을 받고 인수 대상 기업의 자산을 담보로 제공하는 인수 방식

자 실적이다. 따라서 칼라일이 인수 금액을 11억 달러로 높여 제시하지 않은 일은 명백한 실수라고 할 수 있다(이건 실제 사례다. 단지 설명의 편의를 위해 숫자만 단순하게 바꿨을 뿐이다).

칼라일은 나무만 보고 숲을 보지 못했다. 칼라일의 빌 콘웨이 William E. Conway, Jr.처럼 세계 최고의 투자자라도 때로 더 큰 그림에 초점을 맞추지 못하고 가격에만 집착하는 실수를 저지른다.

언젠가 빌은 내게 이렇게 말한 적이 있다. "많은 사람이 가격이 얼마인지에 대해서만 의견이 분분하고 정작 우리가 그 거래에 나서야 할지 말아야 할지는 이야기하지 않습니다."

핵심은 우리가 그 회사를 얼마나 절실히 원하는지를 명확히 결정한 뒤에 가격은 차후에 생각하는 것이다. 경쟁자들이 갑자기 거래에 뛰어들어 조금 더 많은 금액을 제시하면 몇 푼의 돈(이 경우에는 1억 달러) 때문에 거래 전체를 망칠 수도 있다.

> ▶ 경쟁자들이 갑자기 거래에 뛰어들어
> 조금 더 많은 금액을 제시하면
> 몇 푼의 돈 때문에 거래 전체를 망칠 수도 있다. ◀

나도 뼈아픈 경험을 통해 이 교훈을 얻은 적이 있다. 언젠가 노스캐롤라이나에 있는 집을 한 채 사기 위해 아내와 상의해서 입찰을 시도한 적이 있다. 우리는 판매자가 애초에 원한 금액보다 훨씬 낮은 가격을 제시했다. 몇 달에 걸쳐 가격을 주고받는 기나긴 협상이 이어지자 판매자는 지친 나머지 그 물건을 판매 목록에서 내렸다. 아내와 내가 마지막으로 제시한 가격은 판매자가 처음 원했던 바로 그 금액이었지만, 우리는 결국 좋은 집 하나를 구매할 기회를 놓쳤다. 첫날에 그 가격을 치렀다면 곧바로 거래에 성공했을 것이다.

우리는 잘못된 곳에 초점을 맞췄다. 그 부동산을 구매한다는 최종적인 목표를 생각지 않고 가격에만 집착한 것이다. 에고와 자존심이 목표 달성을 방해한 탓이다.

그로부터 얼마 뒤, 같은 지역에서 또 다른 부동산 물건을 구매할 기회가 찾아왔다. 우리는 그 집에 도착하자마자 판매자가 원한 액수보다 높은 금액을 부르며 공격적으로 가격을 제시했다. 그리고 결국 그 집을 손에 넣었다. 우리가 그 집을 사고자 하는 욕구는 가격에 대한 집착을 꺾었다. 거래는 결국 윈-윈 게임으로 마무리됐다. 그 집을 구매한 지 17개월이 지나자 부동산의 가치는 우리가 치른 금액보다 60퍼센트 이상 올랐다.

요즘 아내와 나는 CNBC 방송국에서 방영하는 〈샤크 탱크〉\*를 즐겨 본다. 투자자들은 거의 모든 에피소드에서 칼라일과 비슷한 실수를 저지른다. 창업가들이 제시한 기업 가치가 너무 높다는 이

---

\* 여러 창업가가 다섯 명의 투자자 앞에서 각자의 사업 계획을 설명하고 투자를 받는 리얼리티 쇼

유로 그들의 투자 요청을 거절하는 것이다. 그들은 창업가들이 파트너가 됐을 때 자신에게 어떤 가치를 안겨줄지를 생각하기보다, 그들에게 얼마나 많은 돈을 건네야 하는지에만 집착한다. 나는 그 장면을 지켜볼 때마다 TV를 향해 이렇게 소리친다. "바보야, 얼마를 내느냐가 중요한 게 아니라 그 거래를 이뤄내느냐 마느냐가 중요한 거야!"

## 2

### 당신이 매일 하는 바로 그 행동이, 당신의 브랜드를 결정합니다

미치 다니엘스

---

　미치 다니엘스Mitch E. Daniels, Jr와 함께 일한 것은 21년 전의 일인데도 나는 지금까지 그의 눈부신 경력과 업적을 내 삶의 본보기로 삼아왔다. 그에게서 본받을 점은 한둘이 아니다. 미치는 조지 W. 부시 행정부의 백악관 예산관리국을 떠난 뒤 인디애나주 주지사로 두 차례 임기를 지냈고 2013년부터 2022년까지 퍼듀 대학교의 총장으로 재임했다.

　2017년 12월 〈블룸버그 비즈니스〉 잡지에서 미치를 다룬 기사를 읽었을 때 매우 반가웠다. 기사를 쓴 사람은 미치가 끊임없는 혁신을 통해 대학 교육이라는 분야를 변화시킨 과정을 자세히 분석했다. 홍보 전문가의 눈으로 보기에 그 기사는 미치가 고용한 홍보 담당자의 일대 역작이라고 할 만했다. 그만큼 정확하고, 빈틈없고, 긍정적인 글이었다. 동시에 미치를 개인적으로 잘 알고 그의 성공 과정을 지켜본 사람의 관점에서 생각하면 그 기사는 우리가 개인적 브랜드를 적절히 구축했을 때 얼마나 놀라운 힘을 발휘할 수 있는지 잘 보여주는 결과물이었다.

브랜드란 무엇인가? 내가 정의하는 브랜드란 특정한 사람, 회사, 제품 등에 대해 소비자들의 감정적·지적 반응을 불러일으키는 신념, 특성, 행동 등을 의미한다.

내가 예전에 근무했던 칼라일을 생각해보자, 우리가 그곳에서 구축한 것은 '믿을 만한 투자 파트너'라는 브랜드였다. 칼라일은 선명하고 진정성 있는 브랜드를 쌓아 올린 덕분에 더 많은 투자금을 유치하고, 훌륭한 인재를 영입하고, 투자자들과 견고한 파트너십을 맺을 수 있게 됐다. 하지만 당신은 낯선 사람에게 느닷없이 다가가 "안녕하세요. 저는 믿을 만한 사람입니다. 저에게 투자하고, 이 회사에서 일하고, 제 파트너가 되어주세요."라고 말할 수 없다.

▎ **브랜드란 특정한 사람, 회사, 제품 등에 대해 소비자들의 감정적·지적 반응을 불러일으키는 신념, 특성, 행동 등을 의미한다.** ◢

신뢰는 행위의 결과물이다. 즉 사람들이 당신의 행동을 지켜본 뒤에 마음속으로 내린 결론이다. 아메리칸 익스프레스의 CEO와 의장을 지낸 켄 체놀트 Ken Chenault는 이렇게 말한다. "강력한 브랜드는 당신이 매일같이 실천하는 행동을 통해 형성된다. 즉 고객의 기대치를 꾸준히 충족하는 과정에서 브랜드가 구축되는 것이다."

회사뿐 아니라 보통 사람들도 개인적 브랜드가 있다. 미치를 다룬 〈블룸버그 비즈니스〉의 기사는 나중에 내가 하버드 경영대학원에서 강의할 기회가 있다면 꼭 사례 연구로 사용하고 싶을 만큼 감명 깊은 글이다. 모든 구절에는 미치가 한 말과 행동이 상세히 담겨 있으며, 내가 그를 혁신적이고 효율적인 사람이라고 결론짓게 할 만한 굳은 신념이 잘 묘사되어 있다.

예를 들어 미치는 퍼듀 대학교 총장으로 재임하던 11년 동안 수업료를 한 번도 인상하지 않았고, 온라인 학습 플랫폼(코로나-19를 계기로 이 시스템이 유행하기 전에)을 도입해서 많은 사람에게 교육의 기회를 제공했다. 교수진이나 직원들은 미치의 이례적인 행보에 반기를 들었으나 그는 자신의 행동을 끝까지 관철했으며 그가 도입한 정책들은 교육계에 널리 퍼져나갔다.

내가 가장 크게 감동한 대목은 미치가 정치적 삶에서도 자신의 신념에 따라 행동했다는 점이다. 그는 인디애나주 주지사 선거에 두 차례 출마해서 선거 운동을 벌일 때도 하루의 기나긴 선거 캠페인을 마치고 호텔에서 쉬기보다 지지자들과 자신의 집에 조용히 머무르는 길을 택했다.

게다가 이 기사는 미치를 겸손하고, 검소하고, 위기의식에 충만하고, 설득력이 강하고, 도발적이고, 재미있고, 적극적이고, 성격이 특이한 사람으로 묘사하고 있다. 독자들은 미치가 정말 그런 사람인지 궁금하겠지만 그건 사실이다. 그는 그런 면모를 고루 갖춘 사람이다. 그것도 수십 년 동안이나 변함없이 그런 모습을 지켜왔다. 오랜 시간 홍보 일을 해온 내가 보기에 이 기사는 개인적 브랜드의 홍보라는 측면에서 지금까지 만나본 최고의 작품 중 하나였다(미치가 그 홍보 담당자에게 두둑한 보너스를 안겨줬기를 바란다!).

최근 미치를 다시 만난 자리에서 브랜드의 본질에 관해 물었더니 그는 이렇게 말했다. "진정성 있고 꾸준한 태도가 필요합니다. 당신이 믿는 바가 옳다는 사실을 남들에게 보여줘야 해요. 브랜드는 행동으로 입증해야 합니다. 즉 본인 브랜드에 걸맞게 하루하루를 살아가야 하는 겁니다."

그는 주지사 선거에 출마했을 때의 경험을 이렇게 말했다. "우리는 길 위에서 만나는 모든 사람과 마음을 연결하고 친밀함을 쌓기 위해 노력했습니다." 또 꾸준함과 반복의 필요성에 대해서도 이렇게 요약했다. "우리가 진정으로 추구하는 목표가 이루어질 때까지 끊임없이 시도해야 합니다. 진짜가 아니라면 오직 실패만이 있을 뿐입니다."

당신이 남들에게 혁신적인 사람으로 '알려지기를' 바란다면, 먼저 혁신적인 사람이 되어야 한다. 대중적이고 소탈한 사람으로 '알려지고' 싶다면 먼저 대중적이고 소탈한 사람이 되어야 한다. 돼지 입술에 바른 립스틱은 얼마간 효과적인 변장이 될 수도 있겠지만, 위선자의 가면은 결국 벗겨지기 마련이다.

미치와 나를 포함한 홍보 담당자들은 그의 어떤 측면을 대중에게 각인시켜야 할지, 또 어떻게 해야 언론이 그 측면에 관심을 보일지 오랜 시간 논의했다. 언뜻 들으면 우리가 미치의 이미지를 사전에 계산하고 전략적으로 준비했다는 말처럼 들린다. 물론 우리가 특정한 이미지를 강조한 건 사실이다. 그렇다고 그것이 가짜라는 뜻은 아니다.

> ▶ 남들에게 혁신적인 사람으로 '알려지기를' 바란다면
> 먼저 혁신적인 사람이 되어야 한다.
> 대중적이고 소탈한 사람으로 '알려지고' 싶다면
> 먼저 대중적이고 소탈한 사람이 되어야 한다. ◢

당신이 공적인 인물이라면 세상을 향해 본인이 어떤 사람인지를 스스로 알려야 한다. 그렇지 않으면 다른 이가 그 일을 대신할 것이고, 십중팔구 그 결과는 만족스럽지 못할 것이다. 미치 다니엘스는 공적 인물과 사적 인물을 막론하고 나 자신이 어떤 사람인지 정의한 뒤에 이를 세상에 알리는 일은 누구에게나 꼭 필요함을 깨

우쳐주었다. 우리는 모두 자신의 홍보 담당자가 되어야 한다.

대학생이든 사회생활을 어느 정도 경험한 직장인이든 모든 사람은 저마다의 브랜드를 내걸고 시장에서 자신을 판매한다. 여기서 우리는 두 가지 질문에 답해야 한다. 첫째, 당신은 자신의 브랜드가 무엇인지 알고 있나? 둘째, 이를 정의하고 구축할 방법을 생각해 본 적이 있나? 개인적 브랜드는 지속적인 양육의 과정이 필요한 살아서 진화하는 생물체다.

예를 들어 나는 크리스토퍼 울만의 브랜드가 행복하고, 다정하고, 창의적이고, 능력 있고, 성실한 사람의 모습이라고 생각한다. 만일 그것이 나를 정확히 묘사하는 말이라면, 나는 어떻게 그런 브랜드를 구축하게 된 걸까? 내가 정말 그런 사람이 '되는 것' 말고는 브랜드를 쌓아 올리는 다른 편법이나 지름길은 없다. 그런 요소들이 밤과 낮을 가리지 않고 내 두뇌 속에 스며들어 내가 되고자 하는 사람의 모습을 자연스럽게 만들어내야 한다.

그렇다면 개인적 브랜드를 구축하는 일이 왜 그렇게 중요한 걸까? 브랜드의 위력이 생각 이상으로 어마어마하기 때문이다! 직장을 구할 때든, 데이트 상대를 찾을 때든, 자동차 대출을 받을 때든 브랜드는 언제나 핵심적인 역할을 담당한다. 사람들은 당신을 어떻게 생각하는가? 긍정적인 사람 또는 부정적인 사람? 믿을 만한 사람 또는 게으른 사람? 겸손한 사람, 아니면 거만한 사람?

미치 다니엘스를 본받아 당신이 어떤 브랜드를 원하는지 스스로 결정하고, 그 브랜드에 걸맞은 사람이 되기 위해 열심히 노력하라.

> **직장을 구할 때든, 데이트 상대를 찾을 때든,
> 자동차 대출을 받을 때든
> 브랜드는 언제나 핵심적인 역할을 한다.**

# 3

## 마치 내가
## 후임자인 것처럼 생각하기

아서 래빗

---

내가 칼라일에서 일하던 시절, 아서 래빗은 오랫동안 높은 곳에서 나를 내려다보았다. 그의 미소는 내게 용기를 주었고 마음을 편안하게 해주었다. 사실 나를 내려다본 것은 아서의 실물이 아니라 그의 미소가 담긴 사진이었다. 내 사무실 벽에는 아서의 책 《월가에 맞서는 사람들》을 홍보하는 포스터 한 장이 걸려있었다. 아서는 그곳에서 결단력 있는 표정과 밝고 푸른 눈으로 나를 향해 늘 미소를 지었다. 나는 2002년 이 책의 출판 축하 파티에 참석했을 때 그의 서명이 담긴 포스터를 손에 얻었다.

나는 어려운 문제에 부딪힐 때마다 온종일 나를 내려다보는 아서의 시선을 느끼며 스스로 이런 질문을 던지곤 했다. "이럴 때 아서라면 어떻게 할까?" 그가 말없이 들려주는 대답은 언제나 똑같았다. 날마다 내 후임자처럼 생각하라는 것이었다.

그게 무슨 말일까? 현재의 일을 계속하는 상황에서 아직 존재하지도 않는 누군가의 입장이 되어 어떻게 나 자신을 생각할 수 있을까?

아서가 사업가와 정부의 고위 관료로서 모두 성공할 수 있었던 비결은 열린 마음으로 새로운 아이디어를 받아들이고, 건설적인 비판을 적극적으로 수용하는 자세에 있었다. 그토록 많은 부를 쌓고 큰 성공을 거두었는데도 아서는 여전히 겸손하다. 그의 두뇌는 수많은 아이디어로 넘쳐나지만 자기가 모든 문제의 답을 알고 있다고 생각하지 않는다.

나는 증권거래위원회에서 일하던 시절 아서의 '후임자처럼 생각하기'를 처음 배웠다. 아서는 매일같이 참신한 아이디어를 한 아름 안고 사무실에 출근해서 오래된 아이디어와 맞바꿨다. 직원들에게도 잔인하리만큼 솔직하게 자신을 평가해달라고 요구했다. 아서는 어리석은 아이디어를 신속하게 폐기하고 현명한 아이디어에 집중한 덕에 증권거래위원회 의장으로 8년을 근무하면서도 항상 참신하고, 혁신적이고, 시의적절한 사고방식을 유지할 수 있었다.

내가 아서의 '후임자처럼 생각하기'를 실천하는 요령은 다음과 같다. 내가 만일 당장 회사를 그만두거나, 죽거나, 해고당한다면 누군가 내 자리를 대신하게 될 것이다. 그 사람은 내 자리에 앉아 지난 몇 년간 내가 쌓아 올린 모든 것, 즉 조직, 전략과 전술, 성공과 실패 등을 자세히 들여다볼 것이다.

그는 책상 위에 환하게 불을 밝혀둔 채 그동안 내가 했던 모든 일을 객관적으로 평가하기 시작한다. '이 일은' 잘했군. '저 일은' 현명하게 처리했군, '이 일은' 조금 의문스러워. '저 일은' 말도 안 돼. 마지막 두 경우에는 후임자가 이렇게 의아해할 것이다. "도대체 크리스는 무슨 생각으로 일을 이렇게 처리한 거지?"

그렇다면 꼭 나쁜 일이 생기거나 회사에서 해고당할 때까지 기다려서 본인의 생각과 행동을 개선할 필요가 있을까? 후임자의 입장이 되어 나 자신을 미리 생각해보는 일은 탁월한 성과 달성을 위한 최고의 선제적 전략이며, 어리석은 생각과 행동을 제거하기 위한 최선의 방책이다. 당신이 아직 그 자리에 있을 때 책상 위에 불을 밝힌 채 자신을 반성하고 그동안 했던 일을 객관적으로 돌아보라. 물론 그 일이 쉽지는 않다.

빌 콘웨이는 칼라일의 직원들에게 이렇게 말하곤 했다. "오늘은 어제와 똑같고, 내일은 오늘과 똑같을 겁니다." 즉 항상 해오던 행동만 습관처럼 반복하는 사람은 무사안일주의의 함정에 빠지게 된다는 뜻이다. 전통적인 사고방식의 굴레에 갇혀 살아가는 사람은 창의성이 아닌 관성에 의해 움직이기 쉽다. 게다가 자기 자신을 향해 주기적으로 질문을 제기하고, 본인의 생각과 행동을 정당화하다 보면 본의 아니게 자존감이 훼손될 수도 있다.

하지만 어렵다는 말이 꼭 불가능하다는 말은 아니다.

> ▶ **후임자의 입장이 되어 나 자신을 미리 생각해보는 일은 어리석은 생각과 행동을 제거하기 위한 최선의 방책이다.** ◀

본인을 객관적으로 평가하기 위해서는 내가 모든 문제의 해답을 알고 있지 않음을 겸손하고 열린 마음으로 인정해야 한다. 그 말은 동료나 부하직원들에게 당신에 대한 건설적인 비판을 제기할 면허증을 발부하고, 그 일로 인해 그들이 따돌림당하거나, 회사에서 잘리거나, 당신에게 미움받지 않도록 해야 한다는 뜻이다.

아서의 접근방식은 우리의 삶에 놀라운 선순환의 고리를 만들어낼 수 있다. 활짝 열린 마음은 혁신을 불러일으키고, 혁신은 성장과 발전의 용광로에 산소를 공급한다. 이 과정을 무한히 반복하는 것이 성공의 열쇠다.

나도 아서의 방법을 마음속 깊이 간직하고 개인적 삶과 비즈니스에서 적극적으로 활용하고 있다. 대중을 상대로 자주 연설하다 보면 사람들에게 피드백을 얻을 기회가 많이 생긴다. 나는 TEDx 강연이나 휘파람 연주회 같은 행사를 마친 뒤에 사람들에게 늘 이렇게 부탁한다. "제가 개선할 점을 한 가지만 말씀해 주세요." 어떤 사람들은 내 진심을 알아차리고 솔직한 피드백을 전해주지만, 어떤 사람들은 속을 털어놓기를 꺼리고 내가 다시 요청할 때까지 머뭇거린다.

　아내와 나는 1년에 한 번꼴로 세 아이를 모아두고 우리가 부모로서 더 나아져야 할 점이 무엇인지 묻는다. 아이들은 그 순간을 진지하게 받아들이고 사려 깊고 적극적인 피드백을 전해준다. 물론 한 아이만을 유독 엄하게 대한다는 불만처럼 각자의 이해관계에 치우친 피드백도 있기는 하다.

# 4

## "문제를 들고 오지 마세요, 해결책을 갖고 오세요"

아서 래빗

---

"문제가 아니라 해결책을 들고 오세요."

아서의 한마디 말은 내 경력과 삶을 송두리째 바꿔놓았다.

미국 증권거래위원회 의장 아서 래빗은 내 눈을 똑바로 바라보며 이렇게 말했다. 얼굴에는 실망한 빛이 역력했다. 방금 나는 아서에게 좋지 않은 소식을 하나 전한 참이었다. 하지만 그가 이 문제를 어떻게 해결해야 할지 물었을 때, 나는 마치 자동차 전조등에 비친 사슴처럼 그 자리에 얼어붙었다. 어쩔 줄 모르는 상태에서 이어진 잠깐의 침묵은 문제가 아니라 해결책을 들고 오라는 그의 나직한 목소리에 의해 깨졌다. 그는 이 말을 남기고 뒤돌아서서 나가버렸다. 아서는 고함을 치거나 난폭하게 행동하는 대신 실망감을 드러냈을 뿐이지만, 내게는 소리를 지르며 나무라는 것보다 훨씬 큰 충격으로 다가왔다.

나는 무엇을 잘못한 걸까? 아서는 나를 '조언자'로 고용했지만 나는 단순히 메시지를 전달하는 사람으로 본인의 임무를 스스로 제한해버린 것이다.

〈월스트리트 저널〉의 기자가 내게 전화를 걸었을 때, 나는 그가 한 말과 질문의 요점을 받아 적고 곧장 아서를 만나러 갔다. 그리고 전문가적인 말투로 문제를 보고했다. 하지만 아서는 수많은 투자자를 보호하고 주식시장을 관리하는 연방 기관의 의장이었다. 그토록 바쁜 사람이 그런 문제에 일일이 신경을 쓸 겨를이 없었다. 내 임무는 문제를 보고하는 게 아니라 해결책을 제시함으로써 그가 의장직을 성공적으로 수행할 수 있도록 돕는 것이었다.

그때까지 나는 자신을 조언자라고 생각했지만, 아마도 그건 착각이었던 것 같다. 좋게 말하면 이 사건은 내 생각과 행동의 불일치를 깨닫게 해주었고, 나쁘게 말하면 내 능력의 치명적 결함을 백일하에 드러내 주었다.

▶ **아서는 나를 '조언자'로 고용했지만 나는 단순히 메시지를 전달하는 사람으로 본인의 임무를 스스로 제한해버린 것이다.** ◀

아서가 나를 잠시 노려본 뒤에 뒤돌아서 가버리자, 나는 책상으로 돌아와 방금 일어난 일을 곰곰이 생각하기 시작했다. 내가 처음으로 한 일은 〈월스트리트 저널〉에 관련된 문제의 해결책을 찾아내는 것이었지만, 장기적으로는 내가 스스로 선택한 이 일을 얼마나 잘 해내고 있는지 새롭게 돌이켜보게 됐다.

어떤 기준으로 봐도 그때까지의 내 경력은 꽤 순조로웠다. 연방 조직의 홍보 책임자라는 자리가 그렇게 나쁜 직업이라고 할 수는 없었을 것이다. 하지만 나는 그 직무를 수행하는 과정에서 내 안에 숨겨진 직업적 잠재력을 온전히 발휘하고 있었을까? 아마도 그렇지 못했던 것 같다. 토머스 제퍼슨은 "작은 반란이 가끔 일어나는 것은 좋은 일이다."라는 유명한 말을 남겼지만, 아서 앞에서 머리를 한 대 얻어맞은 듯한 충격을 당한 일은 나를 인간적으로 더 발전시키는 계기가 됐다. 나는 지나간 경력을 돌이켜보며 내가 나름 능력을 발휘하며 빛을 발휘했던 순간들을 되짚어봤다. 그리고 그런 순간들을 예외적인 사건이 아니라 평범한 일상으로 만들기 위해 노력하기 시작했다. 남들에게 진정한 가치를 제공하는 조언자가 되는 일은 내가 이 세상에 존재하는 새로운 이유이자 목적이 됐다.

칼라일은 내가 새롭게 찾아낸 삶의 목적이 꽃을 피우고 열매를 맺은 곳이었다. 나는 그곳에서 18년을 일하며 놀라울 만큼 성공적인 인물들과 매일 머리를 맞대고 이 회사에 가치를 더해줄 방법을 궁리했다. 물론 쉽지는 않았다. 미치광이 천재 과학자 같은 데이비드 루벤스타인, 세계 최고의 투자자 중 한 명인 빌 콘웨이, 비범한 사고력과 행동력의 대명사 데이브 마칙<sup>Dave Marchick</sup> 같은 사람들을 위해 일하기는 정말로 어려웠다.

내가 칼라일의 홍보 책임자로서 나름 밥값을 한 사례를 하나 소개한다. 2014년, CBS TV의 〈60분〉 담당자가 내게 전화를 걸어 데이비드 루벤스타인과 관련된 인터뷰 프로그램을 제작하자는 이례적인 제안을 던졌다. 언론사가 만들어내는 이야기는 둘 중 하나다. 당신을 착한 사람으로 추켜세우지 않으면 악당으로 깎아내리는 것이다. 세계 최고의 명성을 지닌 보도 프로그램에서 사모펀드의 억만장자 CEO를 긍정적인 논조로 다룰 리 만무했다. 그 사실을 잘 알고 있던 데이비드는 협조하기를 꺼렸다.

하지만 나는 이 프로그램의 PD와 몇 개월 안면을 익힌 끝에 한 번 모험을 걸어볼 만하다는 믿음을 굳히게 됐다. 내가 프로그램 제작에 전폭적으로 협조하자고 데이비드를 설득하자 그는 결국 동의했다. 9개월간의 불꽃 튀는 협상, 갖은 우여곡절, 간헐적인 고함, 많은 기도를 거친 끝에 데이비드가 등장하는 13분짜리 인터뷰 동영상이 마침내 방송을 탔다.

9년이 지난 지금도 그 영상을 보면 여전히 가슴이 뛴다. 방송은 온통 데이비드에 대한 긍정적인 이야기뿐이었다. 부정적인 내용은 손톱만큼도 없었다. 우리는 탐사 보도계의 거물과 정면으로 맞서 결국 긍정적인 내용의 프로그램을 끌어냈다. 이는 내가 홍보 업계에서 경력을 쌓으며 달성한 가장 큰 성공 사례 중 하나다.

내가 '진정한 조언자'(나는 이 말을 타인의 문제를 해결하고 기회를 포착하는 일을 돕는 사람으로 정의한다)가 되기 위해 활용하는 도구는 창의성, 권력자에게 진실을 말하는 용기, 상황을 주도하는 실행력 등이다. 칼라일에서 쌓은 경력은 나를 개인적·직업적으로 성장시키는 토대가 되어주었다. 우리는 그곳에서 참으로 많은 일을 해냈다. 내가 조금이나마 타인의 삶에 가치를 더해줄 능력을 개발할 수 있었던 것은 친구이자 멘토인 아서 래빗이 나를 실망한 표정으로 노려보던 그 눈빛 덕분이었다.

# 5

## '무관한' 입장일 때도
## '유관한' 사람인 것처럼 행동하라

존 케이식

"참으로 형편없는 예산안이다!"

의회의 소수당은 다수당이 연방 예산안을 제안하자마자 각종 뉴스 매체에 어김없이 이런 기사를 내보낸다. 그 논조가 얼마나 똑같은지 혹시 지난해에 작성했던 기사를 그대로 복사해서 내보내는 게 아닌가 하는 의심이 들 정도다. 부디 날짜를 바꾸는 일이나 잊지 않았으면 좋겠다.

미국의 하원은 다수당이 모든 것을 통제하는 구조여서, 어느 정당이 소수당이 되는 순간 다수당이 하는 일을 지켜보기만 하는 '참관인'의 위치로 전락한다. 소수당 사람들은 불평을 늘어놓거나 상대편 사람들이 일을 잘못한다고 손가락질하는 것밖에는 할 수 있는 일이 없다. 이 경우에는 다수당 의원들이 형편없는 예산안을 내놓았다고 비난하는 것이다. 좋든 나쁘든 그게 그들이 일이다.

하지만 존 케이식John R. Kasich은 달랐다. 그의 이례적인 행동은 그 자신을 소수당 중에서도 소수당의 위치로 몰아넣었다.

1983년, 30세의 존 케이식은 오하이오주의 주 상원의원으로 4년간 일한 뒤 곧바로 워싱턴 DC에 도착했다. 그는 1993년~1994년 사이에 하원 예산위원회에서 소수당을 이끄는 리더로 일했다. 공화당 의원들의 리더로서 그의 전통적인 임무는 민주당이 예산안을 세우는 모습을 지켜보며 그 결과물에 돌을 던지는 일이었을 것이다. 하지만 존은 자신의 '무관한' 위치를 거부하고 본인이 할 수 있는 일을 했다. 자신의 보좌관들과 함께 직접 예산안을 수립한 것이다. 그의 목표는 공화당이 무엇을 반대하느냐가 아니라, 어떤 예산을 원하느냐를 분명히 밝히는 데 있었다.

사람들은 그를 비웃고 무시했다. 그가 제안한 정책은 한 번도 법안으로 채택되지 못했다. 적어도 그가 소수당 소속일 때는 그런 상황이 지속됐다.

그러다 특별한 일이 생겼다. 1994년 11월, 공화당이 하원에서 40년 만에 다수당 자리에 오르자 존은 하원 예산위원회 위원장으로 발탁됐다. 모든 사람이 깜짝 놀랐다. 하지만 두 사람만은 담담했다. 한 명은 이 파격적인 인사를 주도한 뉴트 깅그리치 공화당 원내총무였고, 또 한 명은 존 케이식 자신이었다. 존은 민주당이

40년 동안 미국의 하원을 장악했으니, 이제 국민이 새로운 아이디어를 받아들일 준비가 됐다고 믿었다.

존은 1995년 1월 예산위원회 위원장으로 취임한 뒤에도 업무에 혼란을 겪거나, 자동차 전조등에 비친 사슴처럼 얼어붙거나, 앞으로의 일을 염려하지 않았다. 언론 매체가 새로 선임된 위원장으로서 앞으로의 계획을 물었을 때, 그는 곧바로 자신이 수립한 예산안을 테이블 위에 올려놓으며 말했다. "여기 있습니다."

존은 자기가 그 일과 '무관한' 입장이었을 때도 유관한 듯이 행동함으로써 결과적으로 자신을 유관한 위치로 승격시켰고, 그 덕에 다음과 같은 몇 가지를 달성할 수 있었다.

1. 예산위원회 위원장이 된 뒤에 곧바로 업무에 착수했다.
2. 예산안 수립에 정통한 보좌관을 확보했다. 예산을 세우는 일은 오랜 시간의 훈련과 경험이 필요한 복잡하고 지루한 작업이다.
3. 자기가 불평만 늘어놓는 사람이 아니라 제대로 생각하고 행동할 줄 아는 사람이라는 평판을 언론 매체와 대중에 각인시켰다.
4. 민감한 정치적 주제, 즉 사회보장 연금, 메디케어*, 메디케

---

\* 　미국의 노인 의료보험 제도

이드\* 등의 개혁과 관련된 주제를 다루면서도 선거에서 승리할 수 있음을 입증했다. 그는 대중을 향해 진솔한 언어로 이야기했고, 대중은 이에 화답했다.
5. 누구나 알아듣기 쉬운 언어로 예산을 이야기하는 법을 배웠다.

존은 처음 몇 년 동안 예산안에 대해 아무런 주도권이 없는 시기를 겪었고, 다음 몇 년 동안은 예산 편성의 주도권을 손에 넣었다. 덕분에 그는 하원 예산위원회 위원장으로 재임하던 4년(1998~2001)에 걸쳐 균형 예산을 이뤄낼 수 있었다. 그 말은 정부의 수입과 지출이 딱 맞아떨어졌다는 뜻이다. 미국 정부가 균형 예산을 마지막으로 달성한 것은 닉슨 행정부 시절이던 1969년의 일이었다.

물론 이런 일을 이루기 위해서는 공화당과 민주당의 긴밀한 협력이 필요했을 것이다. 하지만 존이 소수당 리더로서 상대방에게 돌을 던지는 일에만 앞장섰다면, 그리고 본인의 '무관한' 위치와 관계없이 예산과 정책에 관한 올바른 비전을 품지 않았더라면, 그 어떤 일도 가능하지 않았을 것이다.

내가 존과 함께 일한 것은 27년 전이지만, 나는 그의 '유관함을

---

\*  미국의 저소득층 및 장애인을 위한 의료 지원 제도

향한 의지'를 삶에 도입하기 위해 수없이 노력했다. 예를 들어 많은 프로젝트에 자진해서 참가했고, 남들에게 적극적으로 내 관점과 아이디어를 제시했다. 그 과정에서 깨달은 사실은 '유관함'은 저절로 얻어지지 않으며, 마치 전쟁터에서 상대편과 땅을 두고 싸우듯 철저히 계획을 세우고 준비해야 한다는 것이었다. 기업이라는 경쟁적인 환경에서는 내가 솔선수범해서 어려운 프로젝트에 참가하겠다고 손을 들지 않으면 결국 다른 사람이 그 일을 맡게 되고 당신이 빛을 볼 기회는 사라진다.

내 삶도 마찬가지다. 나는 이 나라에서 점점 확대되고 있는 인종 간의 갈등에 안타까움을 느끼고 자리를 박차고 일어나 스스로 '유관한' 행동에 뛰어들기로 마음먹었다. 2017년, 나는 미국 동부 연안 지역에서 개최된 TEDx 강연회에 연사로 나가 인종 간의 관계를 개선하는 방법을 이야기했다. 관객들은 처음에 회의적인 표정을 지었다. 월스트리트에서 임원으로 일하는 나이 든 백인 남성이 인종 간의 관계 개선을 말하는 모습이 다소 낯설었던 듯싶다. 하지만 내가 관객들에게 들려준 일화\*의 힘 덕분에 관객들은 내 말을 받아들였다.

---

\*   1990년대의 어느 날 맥도널드에서 내가 멘토링하던 흑인 아이와 저녁을 먹고 있을 때 흑인 여성 한 명과 마주친 이야기다. 다행히 모든 일은 순조롭게 흘러갔다. 유튜브를 찾아보면 내 강의를 들을 수 있다.

> **내가 솔선수범해서 손을 들지 않으면
> 결국 다른 사람이 그 일을 맡게 된다.**

나의 10분간의 강의로 인종 간의 관계가 기적처럼 개선되지는 않았지만, 그 강의를 통해 적어도 몇몇 사람의 마음은 충분히 움직였으리라 믿는다. 나는 이 경험에 고무되어 그 뒤로도 계속 연단에 서서 타인을 향한 사랑, 긴장 완화, 무죄 추정의 원칙 같은 주제로 열심히 강의를 진행하고 있다.

자신을 늘 '유관한' 상태로 이끌면 우리가 지구상에서 살아가는 목적을 정의하고 이에 전념하는 데도 도움이 된다. 존 케이식처럼 어떤 일에 '무관한' 입장에서도 유관한 사람처럼 행동하는 법을 배우자.

# 6

## 슈퍼마켓처럼
## 모든 상품에 투자하지 않는다

올랜도 브라보

투자회사 토마 브라보를 공동 설립한 억만장자 올랜도 브라보 Olando Bravo는 뛰어난 투자자이다. 그는 여러모로 성품이 훌륭한 사람이다. 두 가지 면모를 동시에 갖추기가 불가능한 것은 아니지만 그리 흔한 일은 아니다.

나는 2019년 토마 브라보의 컨설턴트로 고용된 이후 올랜도라는 사람을 파악하고 그의 성공 철학을 배우는 일이 진심으로 즐거웠다. 그는 내가 지금까지 만난 어떤 인물과도 성향이 다르다. 올랜도가 투자자로서 쌓아 올린 놀라운 실적도 삶에 대한 그의 사랑을 가리거나, 그가 사람들(회사의 직원들, 투자자들, 그리고 허리케인으로 피해를 겪은 고향 푸에르토리코의 주민들)을 대하는 방식에 영향을 미치지 않는다. 만일 칼라일의 빌 콘웨이와 데이비드 루벤스타인이 부부였다면 그들이 낳은 아이는 올랜도를 닮았을 것이다. 그는 빌의 뛰어난 투자 재능과 인간적 매력, 데이비드의 전략적 비전과 열정을 합쳐놓은 사람이다.

올랜도는 넓고 얕은 지식을 가치 있게 여기는 투자의 세계에서 좁고 깊은 지식을 끈질기게 추구하는 이단아 같은 사람이다. 칼라일을 포함한 많은 투자회사가 마치 슈퍼마켓처럼 수많은 상품을 거래하는 조직으로 변모했다. 그들은 원하는 물건에는 무엇이든 손을 댄다. 예를 들어 칼라일은 세계 곳곳을 누비며 산업 분야를 가리지 않고 다양한 형태의 자산에 투자한다. 물론 그 전략이 잘못됐다는 말은 아니지만, 모든 면에서 최고가 되는 일이 대단히 어려운 것만은(불가능하지는 않더라도) 사실이다.

올랜도는 2008년 토마 브라보를 설립한 이래 "더 다양한 게 더 좋다."라고 노래하는 사이렌 마녀의 유혹에 한 번도 눈길을 주지 않았다. 그의 회사는 올랜도의 리더십 아래에서 단 하나의 분야에만 집중적으로 투자의 초점을 맞췄다. 바로 기업용 소프트웨어(ERP처럼 회사의 업무 관리를 위해 사용하는 소프트웨어를 생각하면 된다) 시상이었다. 이렇게 한 우물을 파는 전략의 성공 덕분에 토마 브라보는 이 분야에서 독보적인 전문성을 구축했고, 높은 수익을 올렸으며, 엄청난 규모의 운용 자산을 확보했다. 2019년 토마 브라보의 운용 자산은 300억 달러였지만, 2023년에는 1,300억 달러로 급증했다.

한 분야에만 광적으로 몰두하는 올랜도의 외골수적인 성향은 테니스 선수로 이름을 날리던 어린 시절부터 굳어진 것이다. "어렸을 때부터 한곳에만 전념하는 성격은 테니스 선수로 활동할 때 큰 도움이 됐습니다. 한 종목에만 몰두하지 않았다면 그렇게 좋은 성적을 거두지 못했을 겁니다. 테니스에 집중할수록 내가 얼마나 개선할 점이 많은지를 깨달았죠."

올랜도가 위에서 한 마지막 말은 그가 '좁고 깊은' 길을 추구하게 된 배경을 잘 설명해준다. 올랜도는 테니스가 됐든 소프트웨어가 됐든 어떤 대상을 완벽하게 이해하는 일이 절대 불가능하다고 생각한다. "우리가 소프트웨어 분야 투자에 초점을 맞추고 있지만 수박 겉핥기일 뿐이죠. 제대로 알려면 아직 멀었습니다."

칼라일, 블랙스톤, KKR 같은 유명 사모펀드들은 '크고 넓은' 방식의 투자에 앞다퉈 뛰어들었지만, 이와 정반대의 전략을 구사한 올랜도는 투자자들의 거센 비판에 직면했다.

올랜도는 회고했다. "그때는 지금과 같은 투자 방식에 많은 리스크가 따랐습니다. 사람들은 왜 나의 능력을 스스로 제한하느냐고 묻더군요. 저는 이렇게 대답했죠. '아니요. 그 반대입니다. 나는 나의 능력을 최대한 발휘하고 있어요. 그건 당신이 특정 분야의 예술을 더 깊이 사랑하고 아는 게 많을수록 더 훌륭한 공연을 펼칠 수 있는 것과 똑같은 이치입니다.' 투자 대상을 잘 알아야 실험도

할 수 있는 거죠."

 사모펀드 회사의 유일한 임무가 투자자들에게 높은 수익을 돌려주는 데 있다는 사실도 올랜도가 투자 대상을 다른 분야로 넓히지 않았던 중요한 이유다. "다른 곳에 손대고 싶은 유혹을 어떻게 참아내느냐고요? 그렇게 했을 때 숫자와 실적이 좋지 못할 거라는 공포감이 그 유혹을 잠재우죠."

 홍보 업계에서 유행하는 농담이 하나 있다. 홍보 전문가들이 수많은 사람과 다양한 주제를 두고 이야기할 수 있는 이유는 머리에 든 지식이 들판처럼 넓으면서도 종잇장처럼 얄팍하기 때문이라는 것이다. 물론 나도 그런 사람 중 하나다. 직장에서 일할 때는 기자들이나 동료들과 어떤 주제에 관해서든 논리 정연하게 대화를 나눌 수 있어야 한다. 그런 상황에서는 해당 주제의 전체적인 요점을 짚어내는 능력, 하나의 주제에서 다른 주제로 대화를 빠르게 전환하는 능력이 필요하다.

 하지만 이제는 나도 특정 분야를 좀 더 심도 있게 알고 싶은 욕구를 느낀다. 특히 나이가 들면서 남은 시간이 점점 줄어들수록 그런 생각을 하게 된다. 그런 의미에서 기업용 소프트웨어 산업에만 투자하는 올랜도의 전략은 내가 업무적·가정적으로 가장 강점이 있고 가장 관심이 높은 분야에 좀 더 많은 시간과 노력을 쏟아야 함을 깨닫는 계기가 됐다. 그런 깨달음은 평범한 일상에서부터 중요한 사안에 이르기까지 삶의 모든 부분에 영향을 미쳤다.

나는 천성적으로 남들에게 '노'라고 말하기보다 '예스'라고 답하기를 좋아한다. 그런 내가 요즘 들어 점점 많은 기회 앞에 손을 내젓고 있다는 사실은 큰 진전이다. 나는 아무리 좋은 기회가 주어진다 해도 그로 인해 최고의 목표(가족, 사업, 건강, 신앙, 멘토링)에 지장이 초래된다면 단호히 '노'라고 대답한다.

알맹이 없는 보여주기식 이벤트에 나서는 일도 피한다. 내 쪽에서 굳이 의견을 제시할 필요 없는 화상 회의에 참석해 달라는 요청도 거절한다. 내가 별로 관심이 없는 잠재 고객이 일을 의뢰하면 다른 곳을 알아보라고 권한다. 정치인들이 돈을 요구하거나 정체 모를 자선 단체에서 기부를 요청하면 고민 없이 거절한다.

이런 사고방식이 가장 큰 영향을 미친 분야는 컨설팅 비즈니스다. 나는 칼라일에서 했던 업무를 그대로 반복하기보다 '전략적 포지셔닝'과 '홍보에 관련된 글쓰기'라는 두 가지 전문 분야에 집중하는 전략을 추구한다. 이렇게 남들과 차별화된 서비스를 제공하는 전략 덕분에 고객들에게 더 높은 컨설팅 비용을 청구할 수 있고 더 높은 수준의 업무적 타당성을 확보할 수 있다.

올랜도는 삶의 목적을 찾아 헤매는 사람들에게 많은 지혜의 말을 들려준다. "지식의 폭이 얼마나 넓어야 하는지 고민하는 젊은 이들을 위해 한마디 하자면, 여러분은 한 분야에 집중할수록 자신에게 더 큰 선물을 안겨주는 겁니다." 그는 이렇게 덧붙인다. "많은 사람이 본인의 진정한 면모를 깨닫지 못하고 자기가 어떤 일을 해낼 수 있는지도 모른 채 더 생산적이고, 훌륭하고, 헌신적이고, 진실한 삶을 살기 위해 애씁니다."

하지만 올랜도는 이렇게 말한다. "당신이 시간과 노력을 집중할 분야를 찾아내는 순간 오랜 시간 삶에 열정을 불어넣을 목적의식을 개발할 수 있습니다."

물론 올랜도는 자신의 목적을 찾아냈다. "내가 어떤 사람인지를 제대로 파악하는 것은 매우 훌륭한 일입니다. 우리는 가장 깊은 곳까지 자신을 스스로 탐구하고, 내가 정말 그런 사람이라는 사실을 경쟁자, 부모님, 친구들에게 증명해야 합니다. 그러면 눈앞에 정말로 환상적인 길이 열리는 거죠."

▰ 당신이 시간과 노력을 집중할 분야를 찾아내는 순간 오랜 시간 삶에 열정을 불어넣을 목적의식을 개발할 수 있다. ◢

둘,
## 성취의 기술

강력한 혁신의 능력을 바탕으로 수많은 업적을 성취한 사람들 옆에서 일하다 보면 흥분이 되면서도 한편으로 주눅이 들 때가 있다. 내 두뇌는 경외감과 불신감 사이를 끊임없이 오가며 이렇게 묻는다. 도대체 그들은 어떻게 그런 일을 해낸 거지? (물론 "그런 천재들에게 내가 어떻게 가치를 더해줄 수 있을까?"라는 회의감도 생긴다.)

중요한 점은 그런 사람들이 생각하는 방식을 더 정확히 이해하고 본인의 사고와 행동에서 그들을 본받기 위해 노력해야 한다는 것이다.

혁신은 데이비드 루벤스타인의 심장이다. 그는 혁신을 장신구처럼 여기저기 달고 다니지 않는다. 데이비드는 칼라일에서 근무한 지가 36년이 지났는데도 밤이고 낮이고 매일 똑같은 유니폼(짙은 색 양복, 흰색 셔츠, 에르메스 넥타이)을 입는다. 그의 혁신은 모든 것을 남들과 다르게 생각하는 데서 비롯된다. 그는 늘 새로운 일을 시도하고, 일이 뜻대로 돌아가지 않으면 계획을 수정하고, 성공이 가까워지는 순간 노력에 박차를 가해 일을 마무리한다. 또 누구보다 오랜 시간 열심히 일하고, 남들의 비판을 꿋꿋이 견디고, 조직 구성원들이 관성에 빠져 혁신이 지체될 때 뚝심 있게 밀어붙인다. 데이비드의 혁신은 마치 3차원 체스 같다. 그는 수많은 점을 창의적으로 연결하고, 구석구석을 돌아보며 상황을 점검하고, 보이지 않는 심연 속으로 용감하게 뛰어든다.

물론 데이비드가 스스로 인정하듯 그가 항상 올바른 판단을 내리는 것은 아니다. 그런 사람도 투자가 실패로 돌아가 난처한 상황에 빠질 때가 있다. 하지만 오늘날의 칼라일을 포함해 그가 중요한 역할을 맡은 여러 조직이 성공을 거둔 것은 그의 혁신적인 접근방식에 힘입은 바가 크다.

혁신이라는 이름의 게임에는 '두뇌'와 관련된 요소가 다분하기는 하지만(그리고 나는 혁신의 과정을 지켜보는 일을 좋아하고 지적인 게임을 즐기지만), 행동이 따르지 않으면 혁신적 사고는 아무런 쓸모가 없다.

10대 아이들을 키우는 부모로서 가장 좌절감을 느끼는 순간 중 하나가 주말이나 방학을 맞아 아이들이 침대에서 늑장을 부리는 모습을 지켜볼 때다. 인생은 짧고 시간은 소중하다는 이야기를 아이들에게 수없이 해줬지만 아무 소용이 없다.

내가 어린 시절 침대에서 늑장을 부렸던 업보를 치르는 것 같다(아버지는 "인생에는 연습이 없다."라는 말을 즐겨 했다). 세 아이 모두 핑크 플로이드의 노래 '타임'을 좋아하는데도 이 노래의 가사를 잘 새겨보지는 않은 듯하다. 한 번 찾아보라. 가슴이 절절하다.

데이비드 루벤스타인과 아데나 프리드먼 Adena T. Friedman 은 '시간 절약'이라는 전략의 귀재들이다. 그들은 출발의 총성이 이미 울렸으며 시간은 인간의 소유물 중에 가장 귀중한 자산이라는 사실을 누구보다 잘 알고 있다. 이 세상에 할 일은 넘쳐 나고, 일을 완수하기에 가장 좋은 날은 바로 오늘이다.

'일을 성취한 accomplished'이라는 단어는 두 사람 모두를 잘 표현하는 말이다. 아데나는 포춘 500대 기업의 리더 중에 흔치 않은 여성 CEO다. 오늘날 그녀가 거둔 성공은 야심 찬 목표, '역동적인' 인내심, 탁월한 결단력 등이 합쳐진 결과물이다. 월스트리트에서 일하는 전문직 여성들은 당연히 아데나의 존재를 알고 있을 것이다. 아무쪼록 더 많은 사람이 그녀의 성공 행로를 따르기를 바란다.

데이비드 루벤스타인은 잠을 오래 자는 법이 없고 휴가도 가지 않는다. 그는 성공으로 향하는 길에 가로놓인 장애물을 제거하기 위해 금욕적인 생활 방식(TV를 보지 않고, 술을 마시지 않으며, 파티에 참석하지도 않고, 디저트처럼 달콤한 음식을 먹지도 않는다)을 고집한다. 데이비드는 거의 편집광적인 수준으로 뭔가에 집중함으로써 큰 효과를 거둔다. 그가 평소에 활동하는 모습을 보면 머리가 어질어질할 정도다. 당신도 그를 본받아 활동의 수준을 지금보다 10~20퍼센트만 높여도 큰 성공이라 할 수 있다.

이 장을 읽을 때 생각해봐야 하는 질문은 다음 네 가지다.

1. 나는 얼마나 혁신적인 사람인가? 더 큰 혁신을 방해하는 요인은 무엇인가?
2. 나는 가장 혁신적인 사람들로부터 무엇을 배울 수 있나?
3. 나는 삶의 우선순위와 목표를 얼마나 명료하게 정의하고 있나?
4. 나는 꿈을 이루기 위해 어떤 일을 기꺼이 할 의향이 있는가?

# 7

## 축구 선수는 공이 있는 곳으로 뛰는 게 아니라 공이 향할 곳으로 뛰어야 한다

데이비드 루벤스타인

데이비드는 전통적인 사고방식을 거부한다. 군중이 한 방향으로 이동하면 그는 종종 다른 방향을 택한다.

데이비드는 자신이 칼라일을 세운 후 36년간 이 회사를 다양한 상품을 거래하는 세계적 투자 기업으로 성장시켰다는 사실을 가장 자랑스럽게 여긴다. 처음에는 칼라일도 1980년대에 설립된 여느 사모펀드처럼 미국이라는 단일 국가에서 단일 상품만 취급하는 회사로 비즈니스를 시작했다. 사업은 비교적 순조로웠지만 데이비드는 늘 다음 단계를 생각했다. 축구 선수는 공이 있는 곳으로 뛰는 게 아니라 공이 향할 곳으로 뛰어야 한다.

데이비드는 칼라일이 쌓아 올린 전문성과 투자자들의 신뢰를 바탕으로 미국의 차입매수 비즈니스를 유럽, 아시아, 일본 등지로 확대하고, 새로운 투자 전략(예를 들어 부동산이나 부채 증권)을 개발해서 미국을 포함한 세계 시장에 적용할 수 있으리라고 믿었다. 언뜻 보기에는 특별히 창의적이거나 인상적인 전략처럼 여겨지지 않았다. 하지만 칼라일이 이 전략적 전환을 통해 거둔 실적은 너무도 엄청나서 지금도 종종 논란의 대상이 되거나 세간의 비난을 받을 정도다. 1987년에 500만 달러에 불과했던 칼라일의 운용 자금은 2023년에는 4,000억 달러까지 뛰었다. 데이비드는 보통 수준의 급여를 받던 대기업 소속 변호사에서 일약 수십억 달러의 자산을 보유한 억만장자(자산 총액이 33억 달러로 2023년 포브스 400 부호 명단에 들었다)로 변신했다.

    데이비드가 이런 놀라운 성공을 거둔 요인은 여러 가지다. 그는 누구보다 열심히 일했고, 영리하게 투자했고, 재능 있는 직원들을 채용했고, 투자자들의 신뢰를 얻었다. 하지만 칼라일의 투자자, 설립자, 직원들에게 막대한 부를 안겨준 가장 큰 비결이라면 역시 과감한 글로벌 확장 전략을 꼽을 수 있을 것이다.

    칼라일이 다양한 상품들을 들고 세계 시장으로 진출하자 다른 사모펀드 회사들도 똑같이 뒤를 따랐다. 칼라일은 이 분야의 선구자로서 새로운 형태의 자산에 과감히 투자하는 전략을 개발하고 자기 회사를 글로벌 대체 자산 관리자(전 세계에 걸쳐 비전통적 상품 및 조직에 투자하는 회사를 말한다. 우리에게 익숙한 S&P500 뮤추얼 펀드 같은 전형적인 투자 기업이 아니다!)라고 불렀다.

데이비드가 전통적인 사고방식을 거부하는 또 다른 분야가 바로 자선사업이다. 물론 그도 대학교, 병원, 싱크 탱크, 예술 단체처럼 '평범한' 곳에 많은 돈을 기부한다. 하지만 그가 큰돈을 쏟아붓는 또 다른 분야가 '애국적 자선사업'이다. 이는 미국의 역사를 보호하고 시민의 덕목을 증진하는 단체에 돈을 기부하는 행위를 뜻한다.

언젠가 데이비드가 내게 전화를 걸어 말했다. "1297년 판 마그나 카르타를 사서 워싱턴 국립 공문서관에 전시할까 생각 중입니다."

그 말을 들은 순간을 잊을 수가 없다. 나는 그런 일이 가능한지조차 알지 못했다. 그는 다음 날 2,130만 달러를 시원하게 건네주고 그 문서를 매입했다.

데이비드는 지진으로 훼손된 워싱턴 기념탑을 수리하는 일에 자금을 지원했으며, 링컨 기념관과 제퍼슨 기념관에 방문객 센터를 만드는 데도 돈을 댔다. 또 조지 워싱턴, 토머스 제퍼슨, 제임스 매디슨 같은 미국의 '국부'들의 생가를 수리하는 데도 지원을 아끼지 않았다.

이 모두가 아무도 생각지 못한 자선 활동이었다. 만일 데이비드가 매킨지 같은 컨설팅 회사를 고용해서 기부에 관한 전략을 세워

달라고 요청했다면 그들은 100만 년이 지나도 워싱턴 기념탑을 수리하는 비용을 지원하라고 권하지 않았을 것이다. 그건 억만장자로서 너무도 파격적인 행보였고 주류에서 벗어난 행동이었다.

예전에 데이비드는 블룸버그 TV에서 인터뷰 프로그램을 맡는 일을 고민한 적이 있다. 그는 여러 달에 걸쳐 몇 번이고 내 의견을 물었다. 그때마다 나는 강하게 반대했다. 그 일로 인해 업무에 지장을 받을 수 있다는 전통적인 관점을 내세운 것이다. 하지만 그는 결국 그 프로그램을 맡았다. 현재 데이비드는 블룸버그 TV에서 두 개, PBS(미국 공영방송 서비스)에서 한 개 등 모두 세 개의 프로그램을 진행 중이다. 이 프로그램들은 시청자들의 반응도 좋고 데이비드의 인적 네트워크를 넓히는 데도 도움이 된다. 덕분에 그는 조직의 리더, 투자자, 자선 사업가로서의 명성을 더욱 굳혔다. 내 삶의 수레바퀴는 사람들이 자주 다니는 길만을 시계추처럼 오갔지만, 그는 늘 새로운 곳에서 가능성을 찾아냈다.

나는 데이비드처럼 전통적인 사고방식에 도전장을 보내는 사람들을 관찰했고, 여섯 가지 특징을 발견했다.

1. 살아 숨 쉬는 동안 계속 혁신한다.
2. 무리를 지어 몰려다니는 일을 피한다.
3. 지식이 풍부하고 정보에 밝다.

4. 배짱이 두둑하다.

5. 소통에 능하다.

6. 모험을 감수하고, 실패해도 실망하지 않는다.

특히 이 목록의 첫 번째 특징(끝없는 혁신적 사고)은 내 삶에 큰 울림을 선사했다. 이제 나는 늘 새로운 관점으로 모든 하루, 모든 프로젝트, 모든 사람을 대한다. 어제의 행동이 꼭 오늘의 습관이 될 필요는 없다. 나는 동료나 고객들의 창의적인 사고를 길러줄 목적으로 그들에게 '미친' 아이디어를 생각해보라고 권한다. 사람들에게 기존의 고정관념을 과감히 탈피할 면허장을 발부하는 순간 그들의 두뇌는 집단적 의식구조를 벗어나 '합리성' 너머의 영역을 탐구하기 시작한다.

▶ **용감한 사람들은 살아 숨 쉬는 동안 계속 혁신한다.** ◀

우리가 이 프로세스를 통해 전통적인 사고방식에서 단 10퍼센트라도 벗어나는 실행 가능한 아이디어를 찾아낸다면 이를 큰 성공이라고 부를 수 있다. 또 여러 사람이 일하는 집단에서는 이런 창의적인 접근방식을 통해 모든 구성원이 열린 마음을 품고, 동료들을 향한 습관적 비판을 자제하는 분위기를 조성함으로써 조직 내에 혁신적 사고가 번성하는 기틀을 마련할 수 있을 것이다.

# 8

## "나는 경력을 의도적으로 관리했습니다, 아주 전략적으로요"

아데나 프리드먼

아데나 프리드먼은 어디로 가야 하는지 몰랐지만, 목적지에 도착하는 방법은 알고 있었다.

아데나는 1993년 나스닥의 인턴사원으로 처음 사회 경력을 시작했을 때 자리에 가만히 앉아 기회가 찾아오기만을 기다리지 않았다. 그녀는 30여 년간 본인의 경력을 적극적으로 관리한 끝에 오늘날 그 회사의 CEO 겸 이사회 의장이 됐다. 물론 그 과정에서 흥미로운 반전이나 우여곡절도 수없이 겪었다.

아데나가 그런 성공을 거둔 데는 전략적 사고, 인내력, 근면한 노력, 성공적인 실적 등이 중요한 역할을 담당했으며 약간의 행운도 한몫을 거들었다.

나는 아데나가 칼라일에 입사한 2011년에 그녀를 처음 만났다. 칼라일의 최고 재무 책임자$^{CFO}$ 피트 나크트웨이가 회사를 떠나겠다고 선언하자 임원들은 여기저기 적임자를 수소문한 끝에 아데나를 채용했다. 당시 개인 회사였던 칼라일은 증권시장에 상장할 계획을 세우고 있었으므로 상장 기업에서 풍부한 경력을 쌓은 CFO를 영입하는 일은 필수였다.

아데나의 전 직장은 나스닥이었다. 이 회사는 자본 시장을 포함한 다양한 산업에 서비스를 제공하는 글로벌 기술 기업으로서, 이미 주식시장*에 상장되어 있었고 아데나는 그곳에서 CFO와 기업 전략 담당 임원으로 일했다.

나스닥에서 18년 동안이나 일한 베테랑 임원 아데나는 왜 칼라일을 선택했을까? "제가 칼라일을 택할 때 근본적으로 고민했던 건 다음 몇 가지였어요. 첫째, 그곳에서 10년 동안 일할 수 있을까? 내가 동료 직원들을 좋아하게 될까? 그 비즈니스를 좋아할 수 있을까? 그 자리가 제공하는 기회가 마음에 들까? 저는 칼라일에서 맡은 자리, 그 이상의 기회가 있을 거라 생각했고 그래서 그 회사에 입사한 겁니다." 아데나는 내게 이렇게 말했다.

아데나는 칼라일이 2012년 5월 주식시장에 상장될 때까지 준비 과정에서 핵심적인 역할을 맡았다. 그리고 기업 공개 이후에도

---

\* 나스닥은 주식 거래소이면서 자사가 운영하는 거래소에 등록된 상장 기업이기도 하다.

2년을 더 재무 책임자로 일했다.

2014년 칼라일의 세 설립자가 회사를 운영한 지 27년이 되자 그들은 경영 승계 계획을 준비할 때가 됐다고 생각했다. 칼라일은 회사 내부에서 한 사람을, 외부에서 한 사람을 각각 선임해 공동 대표로 임명했고 두 사람을 설립자들의 잠정적인 후계자로 내정했다. 내부에서 고른 사람은 글렌 영킨<sup>Glenn A. Youngkin</sup>이었고, 외부에서 영입한 사람은 JP 모건에서 수석 임원으로 일하던 마이크 카바나였다.

이 상황에서 일이 흥미롭게 전개됐다. 칼라일의 임원 교체 과정을 눈여겨보던 나스닥이 아데나에게 돌아오라는 제안을 보낸 것이다. "오랜 대화를 거친 끝에 그들이 제안한 자리가 매우 매력적이라는 결론을 내렸습니다." 아데나는 칼라일에 퇴직 의사를 밝혔다. 나를 포함한 많은 동료가 그녀가 칼라일을 떠난다는 사실을 아쉬워했다. 그만큼 남들에게 사랑을 받고 주위에 기쁨을 나눠주는 인물이었다.

"나스닥으로 돌아간 것은 제 경력에 있어서 큰 기회였습니다. 정말로 도움이 됐죠. 정말로 큰 기회였어요. 물론 손익계산서를 다시 들여다봐야 하는 자리였지만, 저는 재무 책임자라는 위치에 영원히 머물고 싶지 않았습니다. 그보다는 조직을 운영하고 모험을 걸고 싶었죠. 리스크를 관리하는 사람이 아니라, 리스크를 감수하는 사람이 되기를 원했던 겁니다."

아데나가 감수한 리스크는 열매를 맺었다. 그녀는 나스닥에 재입사한 지 2년 뒤 이 회사의 CEO로 승진했다. 나스닥은 아데나가 CEO로 재임한 6년 동안 괄목할 만한 성장을 거두었고, 높은 수익을 올렸으며, 그녀의 리더십 아래에서 큰 발전을 이루었다. 2023년, 아데나는 자신의 명함에 나스닥의 이사회 의장이라는 직책을 하나 더 추가했다.

나는 아데나가 경력을 관리해 나가는 모습을 목격하기 전까지 나 자신의 경력을 전략적으로 계획한다는 생각을 전혀 하지 못했다. 그보다는 내 일이 개인적 적합성, 금전적 보상, 업무의 종류, 동료들의 자질, 승진의 기회 같은 기준을 충족하는지에만 관심을 두었다. 사람들이 앞으로 5년에서 10년 동안의 계획을 물으면 나는 웃으며 이렇게 대답했다. "행복해지기 위해 노력하는 게 계획이죠."

반면 아데나는 어떤 직장이든 아무런 계획 없이 선택하는 법이 없었다. 그녀는 이렇게 말했다. "저는 경력을 의도적으로 관리했습니다. 경력을 쌓아가면서 조직 내의 여러 사람과 좋은 관계를 구축하기 위해 항상 노력했죠. 그래야만 어떤 기회가 저를 성공으로 이끌어줄지 알 수 있으니까요."

▮ **아데나는 어디로 가야 하는지 몰랐지만, 목적지에 도착하는 방법은 알고 있었다.** ▰

나는 아데나가 목표를 차근차근 성취해 나가는 모습을 지켜보면서 내 경력도 좀 더 선명한 목적의식을 바탕으로 관리할 필요가 있음을 깨달았다. 특히 그때는 칼라일에서 내 미래가 점점 불투명해지던 시기였다. 그동안 나와 긴밀하게 일하던 세 설립자가 결국 다른 사람들에게 리더의 역할을 넘겨줄 거라는 사실은 분명했다. 그런 생각 끝에 나는 예전에 한 번도 하지 않은 일을 시도해보기로 했다. 3년 뒤에 칼라일을 퇴사하고 전략적 홍보 대행사를 설립할 계획을 세운 것이다. 55세라는 나이에 회사를 세우는 일이 위험할 수 있지만 나는 준비가 되어있었다.

나는 그렇게 새로운 경력을 시작했고, 그로부터 5년이 지난 지금은 현재의 상태에 더없이 만족한다. 미리 계획을 세운 덕에 모든 게 달라졌다. 나는 3년에 걸쳐 금전적·심리적으로 칼라일과 이별할 준비를 조금씩 해 나갔다.

물론 내 계획이 순조롭게 진행된 것은 모두 신의 축복 덕분이다. 하지만 사회생활 초기에 아데나 같은 사람에게 경력에 관한 조언을 받았더라면 그 뒤의 상황이 어떻게 달라졌을지 이따금 궁금할 때가 있다.

아데나가 자신의 경력을 그토록 철저하게 관리하지 않았다면 현재의 위치에 오르지 못했을 것이다. "당신은 지금부터 5년이나 10년 뒤에 어디에서 일하고 싶은가요? 물론 그 대답은 경력을 쌓는 과정에서 달라질 수 있습니다. 중요한 점은 항상 이 질문을 염두에 두고 자기가 설정한 목표를 향해 하루하루 경력을 다져나가야 한다는 겁니다. 그러려면 '이 자리는 흥미롭군. 저 자리는 일하기에 재미있겠네' 같은 단편적인 생각과는 다른 사고방식이 필요합니다."

물론 목표를 향한 욕구를 품는 일도 중요하다. 하지만 아데나는 목표를 이루는 데는 기술, 멘토, 목적의식이 핵심 요소라고 지적한다. "그 능력을 어떻게 쌓을 수 있을까요? 자기가 필요한 사람들과 어떻게 파트너 관계를 맺을 수 있을까요? 조직 내에서 당신이 진정으로 존경하는 사람이 있다면 그 사람 아래에서 일할 기회를 잡아야 합니다. 경력에 대한 구체적인 목표가 있다면 그 목적지로 향하는 다음 단계를 세심히 설계해야 합니다."

아데나의 접근방식은 자신이 어디로 향하고 있는지 정확히 모르는 사람에게도 목적지에 도착하는 데 도움을 줄 것이다. 그녀가 내게 도움을 주었듯이.

# 9

## 그 라비의 거짓에
## 대처하는 법

데이비드 루벤스타인

나는 오른쪽 엄지와 검지로 유대교 교사 라비의 옷소매를 가볍게 쥐었다. 라비는 유대교 율법의 16번째 계명에 따라 내가 히브리 성경의 첫 다섯 편인 토라<sup>Torah</sup>의 글귀 하나를 적는 일을 도와주었다. 그는 나의 쾌활한 성격을 존중하는 의미로 '차이<sup>chai</sup>'라는 단어를 골랐다. 히브리어로 '인생'을 뜻하는 말이다.

가톨릭 신자인 내가 왜 유대인들의 율법을 따르는 걸까? 이유는 내 피의 4분의 1이 유대인이기 때문이다. 아버지의 아버지, 즉 할아버지는 유대인이었다. 할아버지는 가톨릭을 믿는 아일랜드 여성과 결혼한 뒤에 세상을 떠났다. 가톨릭 집안에서 성장한 아버지는 할아버지를 한 번도 만나지 못했다. 아버지가 자신의 아버지와 그의 슬픈 운명에 대해 알게 된 것은 한참 나이가 든 후의 일이었다.

나는 행복한 가톨릭 신자이기는 하지만, 핏속에 남겨진 유대인의 유산을 소중히 생각한다. 유대인 친구들이 나를 MOT$^{\text{Member of the Tribe}}$*라고 불러도 즐겁게 받아들인다.

어느 날 데이비드 루벤스타인은 유대인 책방에서 아들에게 줄 선물을 고르고 있었다. 그때 라비 겸 필경사로 일하는 가게 주인이 데이비드의 눈앞에 희귀본 저서 하나를 내밀었다. 그 사람 말로는 홀로코스트**와 관련이 있는 토라라고 했다. 이 판본은 대대적인 수리와 복원 작업이 필요했다. 데이비드는 토라를 구매한 뒤에 라비에게 복원을 맡겼다. 그리고 작업이 완료된 뒤에 뉴욕시에 있는 유대교 회당에 기증하기로 했다.

얼마 뒤, 홀로코스트의 생존자들, 언론 매체, 여러 정치인이 참석한 가운데 그 토라의 기증 행사가 열렸다. 라비는 토라의 복원 작업을 마치고 그 자리에 모인 여러 유대교 신자에게 613개 계명 중 하나를 지킬 기회를 주었다.***

홀로코스트의 생존자를 만난 적이 없는 나로서는 그들 앞에서 무한한 경외감과 겸허한 마음이 들었다. 늘 연방 예산이나 월스트리트의 금융 같은 딱딱한 주제에 관한 홍보 업무만을 맡아온 내

---

\* 부족의 일원이라는 뜻
\*\* 제2차 세계대전 중에 나치가 자행한 유대인 대학살
\*\*\* 유대교의 계명 중 하나는 토라를 필사하는 것이다. 현대의 유대인들은 토라 전체를 다 필사하지 않고 일부 구절만 글로 옮겨서 특별한 장소에 보관한다.

게 이런 행사에 언론 매체의 관심을 유도하는 일은 드물고도 즐거운 경험이었다.

하지만 몇 달도 지나지 않아 우리의 따뜻했던 마음에 찬물을 끼얹은 사건이 발생했다. 가게 주인이 모든 일을 꾸며냈다는 뉴스가 전해진 것이다. 그 토라는 홀로코스트와 아무런 관련도 없는 물건이었다. 라비는 그런 식으로 여러 개의 토라 판본을 '발견한' 뒤에 자신의 말을 의심 없이 믿는 사람들에게 팔아넘겼다. 물건들은 모두 가짜였다. 자신을 성서 고고학계의 인디아나 존스 같은 인물이라고 떠벌리던 라비는 사기죄로 체포되어 기소당했다.

데이비드는 이 믿을 수 없는 소식을 듣고 30초 정도 충격에 빠져 있었다. 하지만 곧장 혁신적 사고 모드로 전환했다. 그는 미국 홀로코스트 기념관의 관장에게 전화를 걸어 이 나라에서 최고의 토라 전문가가 누군지 물었다. 데이비드는 역사학자 겸 홀로코스트의 권위자인 마이클 베렌바움을 찾아낸 뒤에 그와 마주 앉아 계획을 세웠다. 온 세계를 샅샅이 뒤져서라도 자신이 기증한 가짜 토라를 대신할 진품 판본을 찾아달라고 마이클에게 부탁한 것이다. 그 작업에는 거의 1년이 소모됐지만 데이비드의 계획은 결국 성공했다.

데이비드는 그토록 큰 낭패를 당했어도 절망에 빠져 탄식만 하고 있지 않았다. 그는 지금의 상황과 앞으로 해야 할 일이라는 두 점 사이를 잇는 가장 짧은 거리를 찾아냈다. 그의 최종적인 목표는 유대교 회당에 귀중한 진품을 선물하는 것이었다. 데이비드는 그 라비에게 별다른 앙심을 품지 않았다. 라비의 아내가 남편의 문제를 데이비드의 탓으로 돌렸을 때도 그는 싸움에 끼어들지 않았다.

> ▶ 데이비드는 절망에 빠져 탄식만 하고 있지 않았다. 그는 지금의 상황과 앞으로 해야 할 일이라는 두 점 사이를 잇는 가장 짧은 거리를 찾아냈다. ◀

그동안 나는 데이비드가 어려운 상황을 현명하게 헤쳐가는 모습을 수없이 목격했다. 이는 우리가 나중에 이야기할 교훈(상황적 사고의 위력)과도 비슷한 면이 있지만, 내가 여기서 강조하고 싶은 교훈은 바로 '전략적 전환'의 힘이다. 데이비드의 두뇌가 돌아가는 속도는 3차원 체스 선수처럼 엄청나게 빠르다. 그가 전 세계의 네트워크에 흩어져있는 인력과 자원을 조각 맞추기처럼 한데 모아 문제의 해결책을 찾아내는 모습을 보면 참으로 경이롭다.

나는 삶을 '통제된 낙하'라고 부른다. 우리의 인생은 높은 데서 스키를 타고 내려오는 과정과 비슷하다. 일단 하강할 지점을 선택한 뒤에는 온갖 도전 요소와 기회(눈더미, 나무, 다른 사람, 얼음 등등)를 헤쳐 나가면서 맨 아래쪽의 목표 지점에 도달해야 한다.

데이비드가 일하는 모습을 오랫동안 지켜본 뒤에는 나도 문제를 바라보고 관리하는 방법을 바꿨다. 예전에는 문제가 생기면 실의에 빠져 오랜 시간을 보낸 뒤에야 해결 모드로 전환했다.

이제 나는 삶이 공평하지 않으며, 불평하고 한탄하는 데 시간을 보내는 것은 자기중심적이고, 낭비적이고, 비생산적인 일임을 누구보다 잘 알고 있다.

한 회사에서 18년을 보내는 동안 좋은 일도 많았지만, 우여곡절도 수없이 겪었다. 회사가 투자한 기업들의 파산, 죽음, 사기 사건, 임원들의 사임, 회사를 향한 공격적인 글 같은 문제가 끝없이 터져 나왔다.

나는 문제가 터질 때마다 빠르고 매끄럽게 해결 모드로 진입하는 데이비드의 모습에서 주어진 모든 자원(사람, 지식, 인간관계)을 활용해 더 신속하고 효과적으로 상황에 대처하는 법을 배웠다. 나쁜 일이 벌어졌을 때도 앞발에 무게중심을 두고 적극적으로 문제 해결에 나서는 일이 얼마나 중요한지 깨달았다. 물론 문제 자체를 없애거나 일어난 일을 되돌릴 수는 없지만, 그렇게 발 빠른 조치를 통해 통제 불가능한 위기 상황을 관리 가능한 안정 상태로 바꾸는 시간을 줄일 수 있는 것이다.

# 10

## 그저 삶이 다하기 전까지
## 많은 것을 이루고 싶을 뿐

데이비드 루벤스타인

---

데이비드 루벤스타인은 지구상에서 가장 바쁘고 가장 생산성이 높은 사람 중 하나다. 그는 미국 대통령보다도 바쁘고, 포춘 500 기업의 어느 CEO보다도 바쁘고, 심지어 일론 머스크보다도 바쁘다.

"그 말이 정말인지 증명해봐." 독자들은 이렇게 말할지도 모른다.

데이비드는 칼라일 외에도 존 F. 케네디 공연예술 센터, 외교 협회, 워싱턴 DC 경제인 클럽, 국립 미술관, 시카고 대학교 같은 주요 단체의 이사장 또는 공동 이사장직을 맡고 있다.

그는 '다른' 활동에도 열심이다. 세 개의 TV 프로그램과 하나의 팟캐스트 프로그램을 진행하고 있으며, 지난 4년 동안 네 권의 책을 썼다. 한 해에 수십 차례 대중 연설에 나서고, 하버드 대학을 포함한 20개가 넘는 비영리단체의 이사회에서 활동 중이다. 데이비드는 죽기 전까지 재산을 전부 기부하기로 서약한 열렬한 자선 사업가다. 또 좋은 투자 건에서 한시도 눈을 떼지 않는 탁월한 투자자다. 그는 PBS의 〈아이코닉 아메리카〉*의 진행자로 활동하면서 프로그램 제작비도 지원한다.

또 데이비드는 미국의 수많은 역사적 유물을 보유한 수집가이기도 하다. 그의 수집품 목록에는 미국 독립선언서, 헌법, 권리장전 등의 희귀본도 포함되어 있다. 그는 매일 여섯 종류의 신문을 샅샅이 읽고, 최근에는 칼라일 밖에서 투자회사를 별도로 설립하기도 했다. 게다가 그는 1년에 수백 권의 책을 읽는 열정적인 독서가다.

데이비드는 자신이 '결승점을 향해 전력으로 질주하는' 중이라고 말한다. 물론 결승점이란 죽음의 순간을 말한다. 도대체 죽음을 향해 전력으로 달리는 사람이 어디 있을까? 그 말은 데이비드가 죽기를 원한다는 게 아니라 삶이 다하기 전까지 최선을 다해 많은 일을 이루고 싶어 한다는 뜻이다.

내가 데이비드를 처음 만났을 때 그는 52세였다. 내가 이 책을 쓰고 있는 2023년에 데이비드는 74세가 됐다. 한평생 역마살이라도 낀 듯 바쁘게 돌아다니던 사람이 삶의 마지막 순간이 손에 잡힐 듯 가까워지는 시기에도 생산성의 페이스를 더욱 올리는 모습

---

\*    미국의 상징적 장소, 문화적 유산, 인물 등을 탐사하는 다큐멘터리 프로그램

에는 놀라움을 감출 수 없다.

나는 데이비드가 에너지, 집중력, 열정을 쏟아부어 일을 완수하는 능력에도 감탄했지만, 동시에 주위의 수많은 사람(예를 들어 34년 동안 그의 비서실장 역할을 한 메리 팻 데커)을 전략적으로 활용해서 목표를 달성하는 모습도 감명 깊게 지켜봤다.

사람들은 묻는다. "왜 그렇게 결승점을 향해 전력으로 질주합니까?"

"하고 싶은 일은 너무 많은데 그 일을 다 해내기에는 시간이 부족하니까요."

데이비드는 시간을 너무도 소중하게 여기다 보니 자신에게 10년이라는 시간만 더 주어진다면 재산(수십억 달러에 달하는 돈)을 남김없이 기부하겠다고 공언할 정도다. 그는 무덤덤한 표정과 확신에 넘치는 태도로 그 정도의 돈은 얼마든지 다시 벌 수 있다고 말한다.

> ▰ 데이비드는 자신에게 10년이라는 시간이 더 주어진다면 재산을 남김없이 기부하겠다고 말한다. ▰

데이비드는 느긋하게 쉬는 것을 좋아하고, 빈둥대며 여기저기 돌아다니고, 휴가를 즐기는가? 아니다.

넷플릭스의 시리즈 드라마를 몰아서 보나? 아니다.

주말에 늦잠을 자나? 아니다.

그는 심해를 질주하는 상어처럼 끊임없이 움직인다.

데이비드는 자기가 하는 일은 본인이 원해서 하는 일이고, 그 모든 게 즐겁다고 말한다. 어떤 사람들은 TV를 보면서 휴식을 취하지만, 그는 일이 곧 휴식이다. 그는 올림픽 수영 챔피언 마이클 펠프스의 예를 들었다. 펠프스는 빠른 속도로 수영하는 데 최적의 체형을 타고난 사람이다. 데이비드의 타고난 체형도 끝없는 호기심, 잠자는 시간도 줄이고 일에 매달리는 부지런함, 활동하고 성취하는 데 기쁨을 느끼는 성격 등에 맞춰져 있다.

나는 데이비드를 처음 만난 2001년 전까지는 '행동'의 개념에 대해 일종의 왜곡된 편견에 사로잡혀 있었다. 그때까지 나를 바쁘게 한 것은 늘 특정한 '프로젝트'였다. 하지만 데이비드와 오랜 시간을 함께 보내며 그를 옆에서 관찰한 결과, 개인적 활동의 범위가 크게 확대되었다.

이제 나는 저술(지금까지 두 권의 책을 펴냈고 앞으로 더 쓸 계획이다), 휘파람 불기(친구나 가족들을 위해 한 해 650번 정도 '생일 축하 노래'를 연주한다), 멘토링(매년 수십 명의 대학생을 만나 그들에게 조언을 들려준다)에 더 많은 시간을 할애한다. 가족들과도 소중한 시간을 보낸다. 나는 데이비드 덕분에 우리의 삶과 시간이 순식간에 흘러간다는 사실을 깨달았다. 우리에게는 하루하루가 선물이고, 꿈을 이루기에 가장 적합한 시기는 바로 이 순간이다.

셋,
## 다리를 놓는 법

미국이라는 나라가 중대한 도전 요소(예산, 소득 불균형, 의료, 이민)에 대응할 능력을 거의 상실했다는 사실은 놀랄 일이 아니니다. 사람들은 누가 옳고 그른지를 따지는 일에만 목을 매고 있다. 그러나 한 점의 흠도 없이 100퍼센트 올바르고 정확한 세상을 상상할 수 있나? 그런 꿈같은 나라에는 대체 어떻게 가야 하나?

우리에게 필요한 것은 성 프란치스코가 들려주는 성스러운 경고다. "주님, 남들에게 이해받기보다 남들을 이해하기를 원하게 하소서."

한마디로 적게 말하고 많이 들은 뒤에 내 의견을 타인과 공유하라는 뜻이다. 우리는 상대방이 무엇을 중요하게 생각하고, 그 사람이 어떤 대상이나 개념을 옹호하고, 그 이유가 무엇인지 먼저 파악해야 한다. 그것이 신이 인간에게 두 개의 귀와 하나의 입을 선사한 까닭이다.

내가 아서 래빗과 존 케이식을 위해 일하던 시절, 두 사람은 남들을 이해하는 데 참으로 탁월한 능력을 발휘했다. 그들이 타인을 이해하는 일은 업무 완수를 위한 중요한 수단이었다. 아서와 존은 다른 편에 속한 사람에게도 주먹을 휘두르기보다 먼저 손을 내밀고 악수를 청했다. 그러면서도 본인이 선언한 목표를 대부분 달성했다.

아서와 존은 남의 말을 잘 들어주기도 했지만, 자신의 의사를 전달하는 능력도 뛰어났다. 존은 연방 예산을 누구나 쉽게 알아볼 수 있도록 단순화해서 사람들이 자신의 목표를 명확히 이해하도록 했고, 의견이 다른 사람들 사이에 소통의 다리를 놓았다. 아서는 월스트리트의 투자 기업과 주식 중개인들에게 명확한 소통의 기준을 제시함으로써 수백만 명의 시민이 주식시장에 안전하게 투자할 수 있는 기틀을 마련했다. 내가 그들을 통해 얻은 교훈의 핵심은 적게 말하고, 많이 듣고, 더 많이 행동하라는 것이다.

우리가 이 장을 읽을 때 고려해야 할 질문은 다음과 같다.

1. 나는 '우리 대 그들'의 이분법적 사고방식에 빠져 있나?
2. 내게는 '복도 반대편'에서 일하는 친구들이 얼마나 많은가?
3. 나는 사람들의 말을 더 많이 들어줌으로써 그들의 마음을 얻을 수 있나?
4. 나는 장기적인 이익을 위해 에고를 자제할 수 있나?

# 11

## '복도'를 벽으로
## 생각하지 않았어요

존 케이식

팀 페니, 론 델럼스, 게리 콘딧의 공통점이 무엇인지 아는가? 모두 1990년대 민주당 하원의원이었던 사람들이다. 그밖에 또 어떤 공통점이 있을까? 그들은 모두 오하이오주의 공화당 소속 하원의원으로 활동했던 존 케이식의 친구였다. 1980년대나 1990년대에는 지금보다 초당적인 분위기가 강했다. 하지만 존은 그때도 '복도 건너편의' 민주당원들과 스스럼없이 협력하는 태도로 인해 세간에서 유별난 사람으로 통했다.

요즘에는 다른 당 사람들과 의견을 함께하기가 거의 불가능한 세상이 됐지만, 존에게는 그것이 표준적인 업무 절차였다. 1983년 하원에 새로 합류한 정치 신인으로 의회의 말석에 앉아 있을 때도 그랬고, 1995년~2001년 미 하원 예산위원회 의장으로 선임되어 권력의 정점에 올라있을 때도 마찬가지였다.

미네소타 출신의 중도 성향 하원의원 팀 페니는 정부가 예산을 낭비하는 일을 저지하기 위해 존과 함께 싸웠다. 두 사람은 1994년 하원의원으로 구성된 초당적인 그룹을 결성해서 향후 5년간 1,030억 달러의 예산을 절약하라고 정부에 요구했다. 그들은 클린턴 행정부와 역사적인 싸움을 벌였으나 단 네 표 차이로 자신들의 주장을 관철하는 데 실패했다. 하지만 팀과 존이 뿌려놓은 신중한 재정 관리의 씨앗은 몇 년 뒤 연방 정부의 균형 예산이라는 열매가 되어 돌아왔다.

버클리에서 당선된 민주당 하원의원 론 델럼스는 몇 년간 높이가 10센티미터가 넘는 아프로 헤어스타일로* 활동했으며, 의회 내에서도 상당히 진보적인(거의 급진적인) 인물로 꼽혔다. 하지만 그는 국방 예산에 낭비적인 요소가 많다는 데 존과 의견이 일치했다. 그들의 목표는 대당 생산 비용이 10억 달러가 넘는 B-2 폭격기 프로그램의 예산을 줄이는 것이었다.

1989년, 두 사람은 의회 헬스클럽에서 만나 의기투합한 끝에 누구도 예상치 못한 초당적 팀을 결성해서 정부가 B-2 폭격기를 21대 이상 생산하지 못하도록 막았다. 이는 국방부가 요청한 대수보다

---

\* 흑인들이 즐겨하는 둥근 모양의 곱슬머리

50대가 적은 숫자였다. 그들은 B-2 폭격기 생산에 반대하면서 맺은 파트너십을 계기로 친구가 됐고, 심지어 서로의 결혼식에도 참석했다.

게리 콘딧은 민주당 내에서 온건파에 속하는 의원들의 모임인 블루 독 연합의 일원이었다. 이들은 다양한 정책적 사안을 두고 존과 긴밀하게 협조했다. 두 사람은 금세 친해졌고 가수 펄 잼의 콘서트에서는 무대 앞에서 함께 춤을 추기도 했다.

한때 존은 게리와 친분이 깊다는 사실로 인해 공화당 내에서 큰 곤경에 처한 적이 있다. 게리가 하원의원에 재출마해서 선거 캠페인에 나섰을 때, 존이 선거 자금 모금 활동을 지원하겠다고 약속한 것이다. 공화당의 중견 하원의원이 민주당 의원의 재선을 돕는다는 말이 퍼져나가자 나라 전체가 벌집을 건드린 듯이 난리가 났다. 공화당 의원들은 존이 이적행위를 한다고 비난을 퍼부었다. 존은 단지 친구를 도우려 했을 뿐이다. 그리고 그가 돕고자 한 사람은 자신에게 협조를 아끼지 않는 온건파 민주당원이었다.

그 논란이 불거졌을 당시는 존이 내 상사가 아니었지만, 나는 국회의사당에서 발행되는 신문 〈롤 콜〉에 편집자에게 보내는 기사를 게재해서 게리의 선거 자금 모금을 지원하는 존의 노력을 지지했다. 나는 공화당이 하원에서 이미 압도적인 다수당의 위치를 차지하고 있는 마당에 존과 함께 양당 사이에 다리를 놓아줄 온건한 민주당 의원 한 명을 확보하는 편이 보수적인 공화당원 한 사람을 확보하는 것보다 더 가치가 높다고 주장했다.

하지만 존에게 가해진 압박이 너무 크다 보니 게리는 선거 자금 모금을 지원하겠다는 친구의 도움을 결국 사양했다. 존은 아쉬워했지만, 그런데도 예산안에 관련된 사안을 효과적으로 주도해 나갈 수 있었다.

게리의 선거 자금 모금을 둘러싸고 잠시 잡음은 있었어도 당리당략을 초월해서 쏟아부은 존의 순수한 노력은 늘 열매를 맺었다. 존 케이식 같은 용감한 리더는 좋지 않은 경험을 하더라도 그런 일이 또 일어날지 모른다는 공포심으로 인해 올바른 일을 포기하지 않는다.

▋ **당리당략을 초월해서 쏟아부은 존의 순수한 노력은 늘 열매를 맺었다.** ◢

# 12

## "당신도 개가 있고 나도 개가 있으니
## 우리는 친구입니다"

아서 래빗

---

아서 래빗과 필 그램의 차이점은 누가 봐도 명백했다. 민주당 소속의 미 증권거래위원회 의장과 공화당 소속의 미 하원 은행위원회 의장(그리고 예산위원회 멤버). 귀족적인 뉴욕 상류층 집안과 텍사스의 서민적인 집안. 월스트리트의 베테랑 임원과 대학의 경제학자. 실용적 중도주의자와 자유 시장 경제를 지지하는 보수주의자.

두 사람을 하나로 묶은 공통점은 무엇이었을까? 바로 그들의 개였다. 아서와 필은 모두 래브라도 리트리버 품종의 개를 키웠다.

요즘에는 반대편 정당에 속한 사람들과 협력해서 일을 처리하기는 고사하고 그들과 사이좋게 지내기조차 어려운 세상이 됐다. 하지만 아서와 필은 당파적 이해관계를 제쳐두고 오로지 미국의 국민에게 이익을 안겨주는 데 초점을 맞췄다. 두 사람을 결속시킨 매개체는 그들이 키우던 개였다.

아서는 국민의 이익을 무엇보다 중요시하는 사업가로서 진보와 성취를 가장 높은 우선순위에 두었다. 뉴욕주에서 주 감사원장으로 역대 최장기간을 근무한 아버지를 둔 아서는 어릴 때부터 옳은 것과 옳지 않은 것을 직접 비교하고 판단할 기회가 많았다. 그는 사람들을 자기 편으로 끌어들이기 위해서는 상대방에게 본인의 생각을 설득시키던가, 아니면 강제력에 의존해야 한다는 사실을 알고 있었다. 하지만 힘을 사용해서 남을 억지로 자신의 편으로 만드는 일은 잠깐은 몰라도 장기적으로 훌륭한 해결책이라고 할 수 없다.

> ▶ **아서와 필은 당파적 이해관계를 제쳐두고**
> **오로지 미국의 국민에게 이익을 안겨주는 데 초점을 맞췄다.**
> **두 사람을 결속시킨 매개체는 그들이 키우던 개였다.** ◀

어릴 때부터 '설득의 힘'을 배운 아서는 그 힘에 의존해서 70여 년 동안 경력을 쌓아왔다. 10대 때는 잡지의 구독 서비스를 판매하는 일을 했고 대학을 졸업한 뒤에는 축산업에 잠깐 몸을 담아 소(牛)를 거래하기도 했다. 그러다 월스트리트로 진출해서 주식과 채권을 팔다가 결국 미국 증권거래소 의장과 미국 증권거래위원회[SEC]

의장 자리에 올랐다.

아서는 SEC의 역대 최장수 의장으로서 일반 투자자들을 월스트리트의 강력한 투자 세력으로부터 보호하기 위한 개혁에 앞장섰고 투자자들을 교육해서 그들에게 힘을 실어주기 위해 애썼다. 그러나 그 일은 혼자의 힘만으로는 불가능했다. SEC는 독립적인 규제 기관으로서 운영 예산을 확보하기 위해 의회와 긴밀하게 협력해야 했으며, 새로운 법안을 제안할 때마다 의회에서 활동하는 주요 위원회의 동의를 얻어야 했다.

오늘날의 기준으로 보면 아서와 필은 불구대천의 원수가 되어야 마땅했을 것이다. 하지만 다행스럽게도 두 사람 사이의 관계는 그렇지 않았다. 그들은 업무를 이야기하기 전에 개에 관한 대화를 즐겁게 주고받는 동료였다. 귀여운 개를 애지중지 키우는 사람이 얼마나 큰 악당일 수 있을까?

아서는 이렇게 말한다. "우리가 래브라도 품종의 개를 좋아한다는 사실은 다른 곳에서는 얻기가 불가능한 유대감을 제공했습니다." 아서의 개는 이름이 로크였고, 필의 개는 거스와 칼렙이었다. 아서는 필의 사무실을 방문했을 때 래브라도 품종의 개 사진을 발견하고 두 사람 사이에 공통적인 관심사가 있음을 알게 됐다. "그건 일종의 '융합 지점'이었죠."

아서는 어떤 사람들과 관계를 형성할 때 늘 이런 질문을 자신에게 던진다. "내가 저들과 나눌 수 있는 공통점은 무엇인가?"

나도 아서의 이런 면모를 직접 목격한 적이 있다. 아서는 나를 채용하기 위한 인터뷰 자리에서 내게 휘파람을 불어보라고 말했다. 내가 휘파람 불기 챔피언이라는 소리를 듣고 그 사실을 두 사람을 이어줄 연결 고리로 삼은 것이다. 나는 푸치니의 오페라에 나오는 아리아 한 곡을 휘파람으로 불었다 ⋯그리고 일자리를 얻었다.

그렇다면 개를 매개체로 시작된 두 사람의 우정은 열매를 맺었을까? 필은 아서의 정치적 의제를 달성하는 데 매우 중요한 사람이었다. 두 사람이 같은 품종의 개를 좋아한다고 해서 필이 갑자기 민주당으로 당적을 바꾸지는 않았지만(필은 1983년에 공화당원이 됐다), 그들 사이에 존중과 공감의 분위기를 조성하는 데는 크게 도움이 됐다. 아서는 두 사람이 자칫하면 '철천지원수'가 됐을 수도 있다고 회고한다. 하지만 아서는 그들 사이에 쌓인 우정 덕분에 상대편 정당을 향해 '전면전을 선포하기 전에' 먼저 필을 상대로 자신의 아이디어를 실험해 볼 수 있었다고 말한다.

한편 필은 내게 이렇게 말했다. "내가 아서 래빗을 존경하는 이유는 남들에게 잘못된 점을 지적받았을 때 이를 바로잡을 수 있는 소수의 워싱턴 인사 중 한 명이었기 때문입니다. 우리는 매우 좋은 친구였죠, 내가 보기에 그는 상·하원을 통틀어 역대 최고의 SEC 의장이라고 생각합니다."

그들의 우정은 30년 넘게 지속되면서 풍성한 열매를 맺었다. 아서는 필의 아들에게 멘토의 역할을 해주었으며, 그들은 지금도 가까운 사이로 지내고 있다.

다른 사람들을 존중하는 아서와 존 케이식의 태도는 내게 깊은 영향을 미쳤다. 그들은 사람들 사이에 다리를 놓아 과업을 성공적으로 완수했으며, 나는 두 사람 덕분에 세상에 신뢰를 안겨주고 이웃을 나 자신처럼 사랑해야 한다는 사실을 깨달았다. 물론 인류 역사를 통틀어 그 일이 쉬웠던 적은 단 한 번도 없다. 오늘 이 순간까지도.

요즘 사람들은 자신과 정치적 이념이 다르면 누구도 친구로 삼지 않는다. 대단히 안타까운 일이다. 우리는 자신과 의견을 달리하는 사람들도 적극적으로 찾아 나서야 한다. 그렇지 않다면 우리의 사전에는 '공감'이라는 단어가 아예 사라질 것이며, 결국 우리는 아무 일도 이루지 못할 것이다.

나는 아서와 존에게 영감을 받고 내 이념적 안전지대의 바깥에 있는 사람들과도 의미 있는 우정을 쌓아왔다. 사람들이 모든 일에 의견을 함께하지 않는다는 것은 결국 좋은 일이다. 워싱턴에 살지 않는 사람들은 그런 생각을 대수롭지 않게 받아들일지 모르지만, 여기는 워싱턴이다. 이곳 사람들이 상대편 당을 향해 품는 적개심은 뮤지컬 〈웨스트사이드 스토리〉에 나오는 샤크 파와 제트 파 사이의 증오심에 못지않다.

나는 친구들과 오랜 시간 대화를 나누며 언론의 자유, 블랙 라이브즈 매터* 운동, 환경과 이민자 문제 등 다양한 정치적 사안에 대해 많은 것을 배웠다. 그 덕에 더 많은 정보를 얻었고, 더 큰 공감력을 키웠으며, 의견이 다른 사람들 사이에 더 많은 공통점을 발견할 수 있었다. 나는 이런 인간관계를 통해 더 현명해지고 겸손해졌으며, 더 큰 호기심과 객관적인 태도를 갖추게 됐다.

그렇다고 내가 기존의 정치적 소신을 굽히기로 했다는 말은 아니다, 공감이란 본인의 관점을 바꾸는 게 아니라 다른 사람들이 특정한 생각이나 신념을 갖게 된 이유와 배경을 인정하고 존중하는 자세를 뜻한다. 나를 변화시켜준 아서와 존에게 감사한다.

---

\* 흑인의 목숨도 소중하다는 의미로 아프리카계 미국인을 향한 폭력과 인종주의에 반대하는 사회운동

# 13

## 의견이 다른 사람과도
## 잘 지낼 수 있을까요?

빌 케너드

"조지아주의 투표권 개정 법안은 마치 짐 크로우 법 2.0 버전과도 같습니다." 빌 케너드William E. Kennard가 나에게 한 말이다.

"이 선거법 개혁안을 짐 크로우 법과 비교하는 건 그동안 평등함을 위해 싸워온 시민운동가들을 모욕하는 겁니다." 내가 빌 케너드에게 한 말이다.

이 대화 뒤에 우리 사이에 주먹다짐이 오갔을까? 그렇지는 않다. 진보 성향의 빌 케너드와 보수 성향의 나는 지난 20년간 다양한 정치적 쟁점들에 관해 상대방의 입장을 최대한 존중하며 건설적인 토론을 벌였다. 위의 대화는 최근 우리가 직접 얼굴을 마주 보고 나눈 이야기의 한 대목이다.

내가 빌 케너드를 만나기 전이었다면 이 같은 내용의 대화는 결코 부드럽게 흘러가지 못했을 것이다. 시작은 원만했을지라도 내 말이 형식적이고, 원칙적이고, 냉소적인 어조로 바뀌면서 대화의 질이 한참 낮아졌을 테니까.

국회의사당과 백악관에서 일할 때는 근무 중에 정부의 정책이나 정치에 관한 이야기를 나누는 일은 업무의 한 부분이었다. 워싱턴 DC를 일종의 '기업 도시'라고 부른다면 그 기업들의 주력 비즈니스는 정치였다. 하지만 대화의 대부분은 정치적 견해를 함께하는 사람들 사이에서 이루어졌다.

그 세계를 떠나 칼라일로 옮겨간 뒤에는 그곳에서 이민, 정치관, 낙태 같은 주제를 거론하는 일이 절대 금물이라는 사실을 금세 알게 됐다. 그랬다가는 동료들 사이에서 순식간에 불꽃 튀는 언쟁이 벌어지기 일쑤였다. 게다가 우리는 그날의 이슈거리에 대해 논쟁을 벌이기 위해서가 아니라 투자자들에게 돈을 벌어주기 위해 회사에 나올 뿐이었다.

칼라일에서 만난 동료 빌 케너드는 그런 상황을 인지하지 못한 것도, 무시한 것도 아니었다. 우리는 함께 일하기 시작한 순간부터 모든 정치적 주제를 테이블 위에 올려두고 수시로 토론을 벌였다. 그는 나와 수많은 논쟁을 벌이면서 인종 문제처럼 민감한 사안에 대해서도 상대방과 얼굴을 맞대고 사려 깊고 정중한 태도로 대화를 나누는 법을 보여주었다.

빌이 그렇게 할 수 있었던 비결은 무엇이었을까? 그가 논쟁에서 이기는 것보다 문제의 해결책을 찾는 데 관심을 보이는 품위 있는 신사였기 때문이다. 물론 빌에게도 확고한 개인적 견해가 있었지만, 본인의 생각을 다른 사람에게 강요하지 않았다. 그는 상대방에게 많은 질문을 던졌고 대신 자신의 말은 될수록 줄였다. 또 어떤 대화든 개인적 감정을 앞세우지 않았으며 까다롭고 어려운 주제에 대해서도 올바른 해결책을 찾는 데 초점을 맞췄다.

내가 그런 점을 본받기가 어려웠던 이유는 항상 논쟁에서 이기기를 원했기 때문이다. 하지만 빌은 내가 자신을 도발할 요량으로 던진 미끼를 물지 않았다. 나는 그의 신중한 접근방식의 장점을 곧 깨달았다.

칼라일에서 글로벌 미디어 및 통신 분야의 수석 임원이자 파트너로 일했던 빌은 과거 정부 기관에서 다년간 경력을 쌓았다. 칼라일에 합류하기 직전까지 미국 연방 통신위원회 의장으로 근무한 덕분에 민감하고 어려운 주제를 입에 올리는 데도 익숙했다. 남들에게 공개적으로 공격이나 도전을 받은 사람은 냉소적이고 전투적인 성향을 보이기 쉽지만, 빌은 그런 상황을 당연하게 받아들이고 신중하고 건설적인 태도로 공개적 담론에 임하며 성공적으로 정부 기관 근무를 마쳤다.

나는 빌이 칼라일에 합류한지 지 몇 개월 뒤인 2001년 말 이 회사에 입사했다. 그때 칼라일은 정부 기관 출신의 인물(빌도 그중 하나였다)들을 고문으로 채용해서 정부에 영향력을 행사하고 특별대우를 받는다는 논란에 휩싸여 있었다. 빌과 나는 우리 회사가 정부에 불법적인 영향력을 행사했다는 터무니없는 혐의에 대해 대책을 마련하는 과정에서 두터운 우정을 쌓게 됐다.

당시 우리 두 사람은 부시 행정부가 매일같이 쏟아내는 새로운 정책에 관해 주기적으로 토론을 벌였다. 게다가 그 사안들은 죄다 민감했다. 나는 그전까지 그런 일을 한 번도 경험해보지 못했다. 즉 민주당 정부의 고위급 관료 출신이자 나보다 직급이 높은 상사와 민감한 정치적 주제를 두고 격렬한 토론은커녕 단순한 이야기조차 나눠본 적도 없었다.

우리의 토론 주제는 복지 정책, 중동에서의 전쟁, 연방 정부 폐쇄, 소수 집단 우대정책 같은 다양한 분야를 넘나들었다. 때로 우리의 화기애애하고 건설적인 대화는 다음과 같은 말을 주고받는 것으로 마무리되곤 했다.

"당신이 민주당원이었으면 좋겠네요."
"저도 당신이 공화당원이었으면 좋겠습니다."

빌과 나는 우리가 각자 속한 정당에 두 사람처럼 합리적인 사람들이 더 많이 필요하다는 점에 동의했다.

그렇게 우리가 나눈 모든 이야기는 2021년 조지아주에서 새로 제정한 선거 개혁안을 두고 두 사람 사이에 진지한 대화(이 장의 서두에서 소개한 대화)가 오가는 계기가 됐다. 민주당은 이 개혁안을 보고 짐 크로우 법\*의 2.0 버전과 다름없다고 펄펄 뛰었다. 반면 공화당은 코로나-19 사태 이후 조지아주에서 선거 규정이 너무 느슨하게 적용되고 있다는 사실에 비슷하게 화가 나 있었다.

우리는 사우스캐롤라이나 찰스턴의 어느 식당에서 만나 아침 식사를 했다. 당시는 조지아주의 선거법 개정 소식이 몇 주 동안 신문의 머리기사를 도배하던 때였다. 사람들 사이에는 이미 뚜렷한 전선이 형성되어 있었다. 독설이 판을 치고 과장이 난무했다. 양측은 모두 미국의 미래가 위험에 빠져 있다고 생각했다. 보수주의자들은 선거의 정직성과 진실성이 불안한 상태에 놓였다고 믿었으며, 진보주의자들은 흑인들이 힘겹게 얻어낸 권리가 사라질 위기에 처했다고 생각했다.

내 아내와 아이들이 이 대화가 어떻게 끝날지 모르겠다는 표정으로 불안하게 지켜보는 가운데, 빌과 나는 이 법안의 사실관계, 원인, 행위, 동기 등을 두고 활발한 토론을 벌였다. 우리는 모두 본인의 관점을 열정적으로 주장했고, 절박한 심경으로 각자의 논리를 밝혔다. 그러면서도 상대방의 말을 끝까지 경청했고 많은 질문을 던졌다.

빌이 제기한 질문 하나는 특히 뼈아팠다. "만일 이 법안이 정말 부정선거를 방지하고 선거의 진실성을 보장하기 위해 제정되었

---

\*   남북전쟁 이후 남부 11개 주에서 공공장소에서 흑백 분리를 규정한 법안

다면, 왜 이 '선거 개혁안'에는 유권자들이 일요일에 투표하는 일을 막는 조치가 포함된 건가요? 흑인 교회 신도들은 대부분 일요일에 예배를 보고 그다음에 투표하는 걸 알았을 텐데요." 나는 그 대목은 분명히 잘못됐다고 바로 인정했다.

그날 토론에 나선 흑인 진보주의자와 백인 보수주의자는 신문 지면을 달구던 뜨거운 주제를 두고 대화를 나누면서도 평정심을 잃지 않았고, 결국 따뜻한 말과 포옹으로 아침 식사를 마무리했다.

빌은 20년에 걸쳐 다양한 사실관계와 관점들을 공유함으로써 나를 깨우쳐주고, 많은 정보를 제공하고, 내 가치관을 바꿔주었다. 특히 어렵고 민감한 주제를 토론할 때는 상대를 존중하고 공감하는 태도가 무엇보다 중요하다는 사실도 깨닫게 해주었다. 나는 개인의 이념적 울타리를 벗어나 자신과 의견을 달리하는 사람들과 허심탄회한 대화를 나누는 일이 얼마나 큰 힘을 발휘하는지 배웠다.

▶ 어렵고 민감한 주제를 토론할 때는
상대를 존중하고 공감하는 태도가 무엇보다 중요하다. ◀

인간관계를 더 나은 방향으로 개선하는 방법을 알려준 빌에게 감사드린다.

# 14

## 적을 나의 편으로
## 만들기로 했다

아서 래빗

---

내가 미국 증권거래위원회에서 홍보 책임자로 일을 시작한 첫날, 아서 래빗 의장이 최근 발생한 문제 하나를 내 책상 위에 던져주었다.

유명 비즈니스 잡지 〈비즈니스 위크〉에서 아서 래빗이 출장 예산을 과도하게 사용했다는 기사를 실었다. 이 의혹을 처음 제기한 사람은 인디애나주의 하원의원 데이비드 매킨토시였다. 그 기사는 근거가 없었고 논리적이지도 않았다. 오직 상대에게 모욕을 주려는 의도만 가득한 글이었다. 하지만 워싱턴 DC에서는 그런 일이 밥 먹듯이 일어난다. 권력을 지닌 누군가가 특정한 주장을 내놓으면 언론 매체는 원치 않아도 이를 의무적으로 기사화해야 한다.

아서와 몇몇 고위 간부, 그리고 나는 다음 한 주 동안 이 기사의 내용을 바로잡기 위해 무진 애를 썼다. 다행히 노력은 어느 정도 성공을 거두었다. 후속 기사의 내용은 여전히 부정적이었지만 처음 나온 기사에 비해서는 좀 더 정확한 사실관계와 균형 잡힌 이야기를 담고 있었다.

나는 사회생활을 하면서 이런 부정적인 기사에 감정적으로 대응하는 사람들을 수없이 목격했다. 그들은 '나쁜' 기사를 쓴 기자를 철저히 외면한다. 그 기자에게 전화가 걸려오면 응대하지도 않고 그에게 부여했던 특별대우도 없애버린다. 그리고 오직 '대우할 가치가 있는' 기자들에게만 정보를 제공한다.

비록 그게 올바르거나 적절한 방법은 아니더라도, 자신이 언론으로부터 부당한 대우를 받았다고 느끼는 사람(부유하고 힘 있는 사람들을 포함해서)은 종종 어리석고 비생산적인 일을 벌인다. 왜냐하면 그 순간만큼은 통쾌한 기분이 들기 때문이다.

하지만 아서는 정반대의 접근방식을 택했다. 그 기사를 쓴 기자를 자기편으로 만들겠다고 마음먹은 것이다. 그는 아침 식사나 점심 식사 자리에 폴라를 초대하기 시작했다. 그리고 자신이 구상 중인 업무를 그녀에게 미리 귀띔해주었다. 또 아서는 SEC에서 중요한 발표가 있을 때마다 그녀에게 특종 기사를 쓸 기회를 주었다. 한마디로 아서는 폴라를 존중하는 마음으로 대했다. 폴라가 부정적이고 불공평한 기사를 한차례 썼다는 이유로 그녀를 미워하거나 외면하지 않았다. 감정을 앞세워 문제에 대응하는 일은 아무런 쓸모가 없었다.

아서와 폴라는 4년에 걸쳐 서로를 알아가고, 좋아하고, 존경하게 됐다. 그들이 서로를 향해 품었던 의심과 분노는 8월의 여름날 워싱턴 DC의 뜨거운 길바닥 위에서 얼음이 녹아내리듯 사라졌다. 나도 아서의 뒤를 따라 폴라와 우호적인 관계를 맺었다. 그녀는 최고의 기자였을 뿐 아니라 인간적으로도 사랑스러운 사람이었다.

아서가 8년간 지켜온 SEC 의장직을 내려놓기 몇 개월 전 〈비즈니스위크〉는 마치 모세처럼 당당한 모습의 아서의 사진을 표지에 싣고 '투자자들의 보호자'라는 설명을 달았다. 폴라는 이 긍정적인 기사를 쓴 집필진 중 한 사람이었다.

아서는 SEC를 떠난 지 몇 년 뒤 40여 년에 걸친 월스트리트의 경력을 돌아보는 회고록 《월가에 맞서는 사람들》을 펴냈다. 이 책의 공동 저자가 누구였을까? 바로 폴라 드와이어였다. 내 경력을 통틀어 이 사건은 적을 친구로 바꾼 가장 인상적인 사례라 할 만했다.

아서의 넓은 아량과 관대한 마음은 내게 엄청난 영향을 미쳤다. 이 일을 계기로 장기적 안목으로 게임에 참가하는 일이 얼마나 중요한지 새삼 깨달았다. 우리네 삶은 속임수, 실망, 배신으로 가득하다. 내게 잘못된 행동을 한 사람을 찾아내어 두고두고 손가락질하기는 쉽다(심지어 기분도 좋다). 하지만 그게 결국 생산적인 행동일까? 대부분 그렇지 않다.

언젠가 칼라일의 중진 임원 한 사람이 회사를 떠나기로 마음먹자, 그의 결정이 영 마땅치 않았던 다른 임원이 퇴사에 제동을 걸었다. 나도 그 일에 가담할 수도 있었으나 단기적으로든 장기적으로든 그런 행동에 아무런 의미가 없다는 사실을 알고 있었다. 나는 동료의 퇴사를 방해하는 임원에게 항의했고 사람들은 내가 상사의 말에 복종하지 않는 불충한 부하라고 생각했다. 하지만 나는 처음의 입장을 끝까지 고수했으며 나중에 내가 옳았다는 사실이 밝혀지면서 그 임원은 결국 사과했다.

> ▌ **내 경력을 통틀어 이 사건은
> 적을 친구로 바꾼 가장 인상적인 사례였다.** ◢

당신이 피해를 봤다고 느낄 때도 마음의 평화와 미래의 경력을 위해서는 좀 더 너그럽고 장기적인 방법을 선택할 필요가 있다. 남에게 복수하면 잠깐은 만족스러울 수도 있겠지만, 우리의 오랜 삶과 경력을 생각하면 그럴만한 가치가 없다.

### 후기

매킨토시와 〈비즈니스위크〉의 사건이 발생한 지 25년이 지난

2022년 7월, 워싱턴 DC에서 열린 어느 행사에서 데이비드 매킨토시와 우연히 마주쳤다. 1990년대 초 함께 일한 이후로 처음 만나는 자리였다. 나는 몇 마디 인사를 주고받은 뒤에 비록 25년이나 지났어도 그때 데이비드가 아서를 공격한 일이 정당하지 못한 행위였음을 지적해야 한다는 의무감을 느끼고 그 말을 꺼냈다. 놀랍게도 데이비드는 잘못을 인정하면서 아서에 대한 자신의 행동은 분명 잘못된 것이었으며 그가 사과를 받아줄지 모르겠다고 말했다. 얼마 뒤 나는 두 사람이 화해하는 자리를 주선했다.

# 15

## "초록색 안대를
## 벗으세요"

존 케이식

---

 존 케이식은 연방 예산의 내용을 알기 쉽게 설명하는 법을 깨우쳐준 사람이다. 수조 달러 규모의 예산을 국민에게 이해시킬 수 있다면, 세상의 어떤 복잡한 일도 설명할 수 있을 것이다.
 "초록색 안대를 벗으세요."
 초록색 안대는 100년 전쯤 회계원들이 어두운 조명으로부터 눈을 보호하기 위해 착용했던 물건을 말한다. 존은 수백 번도 넘게 이렇게 말했다. "안대를 벗고, 사람들에게 '이야기'를 들려주세요."
 존은 언뜻 보기에는 예산이 숫자를 늘어놓은 문서에 불과하지만, 집중해서 들여다보면 그 숫자가 무엇을 의미하고, 정부의 우선순위를 어떻게 반영하고, 나라의 발전에 얼마나 도움이 될지를 알

수 있다고 믿었다. 예산에 담긴 숫자들은 인간의 뼈대처럼 국가의 구조를 떠받치고 안정시키는 역할을 하지만, 수천 페이지가 넘는 문서에 생명을 불어넣는 것은 느낌과 정서, 진솔한 이야기라는 것이다.

존은 말, 행동, 상징, 개인적 카리스마 등을 활용해서 그때까지 전문가들의 전유물이었던 연방 예산이라는 주제를 모든 사람이 이해할 수 있는 수준으로 끌어올렸다. 그는 "워싱턴의 권력, 돈, 영향력을 시민들에게 돌려주고 싶다."라는 이야기를 입에 달고 살았다. 자신의 목표는 '다음 세대를 구하는 것'이고 우리가 그 목표를 향해 열심히 일하는 이유는 모두 '아이들'을 위해서라는 것이다.

▶ **수천 페이지가 넘는 문서에 생명을 불어넣는 것은 느낌과 정서, 진솔한 이야기이다.** ◀

존은 나날이 폭증하는 미국의 부채에 대한 경고의 의미로 하원 예산위원회 사무실에 부채 시계<sup>debt clock</sup>를 설치했다. 이 시계는 정부가 세금 수입과 비교해서 얼마나 많은 돈을 추가로 쓰고 있는지 알기 위한 장치로, 분, 시간, 일이 흘러감에 따라 수백만 달러의 적자가 기존의 적자 위에 실시간으로 더해지는 장면을 생생하게 보여주었다.

우리가 그 시계를 공개한 날을 지금도 또렷이 기억한다. 언론 매체들은 이 기사를 흥미롭게 다뤘다. 부채 시계의 사진과 존의 얼굴은 전국의 주요 신문을 장식했고, 하원 예산위원회는 사반세기 만에 처음으로 균형 예산을 달성하기 위한 여정에 돌입했다.

부채 시계도 미국이 직면한 예산의 위기를 대중에게 상기시키는 역할을 했지만, 존이 세상 사람들에게 문제의 심각성을 더 확실히 알리게 된 것은 온 나라를 돌아다니며 시민들의 의견을 전해 들은 그의 이례적인 여행 덕분이었다.

존의 예산위원회의 동료 의원들과 전국 각지를 여행하며, 하루하루 삶을 살아가는 평범한 시민들을 만나 진솔한 이야기를 나눴다. 존은 시민들 앞에서 연설을 늘어놓기보다 그들의 말에 귀를 기울였다. 주력 언론 매체들은 나라에 돈은 부족하고 쓸 데는 많으니 어려운 선택을 해야 한다고 강조하며 존의 행보를 지원했다.

그 후 3년이라는 시간이 소요되기는 했지만, 1998년 존 케이식, 의회 지도자들, 클린턴 대통령은 균형 예산을 성공적으로 달성했다. 물론 그들이 이 같은 기념비적인 성과를 이룬 데는 국가의 예산안을 시민들에게 쉬운 말로 설명하기 위해 갖은 애를 쓴 존의 노력이 큰 몫을 차지했다.

그로부터 몇 년 뒤, 나도 케이식의 모델을 현장에서 실험할 기회가 생겼다. 칼라일의 공동 설립자 빌 콘웨이는 워싱턴 DC에서 노숙자 쉼터를 운영하는 비영리단체 SOME에 500만 달러를 기부했다. 그때까지 홍보 부서의 표준적인 업무 관행은 어느 부유한 인물이 노숙자들을 위해 큰돈을 기부했음을 알리는 보도 자료를 내고, 여러 명의 기자를 현장에 보내고, 누군가 좋은 기사를 써주기를 기다리는 것이었다.

나는 그런 관행을 반복하는 대신 빌이 기부한 돈으로 혜택을 받은 가족을 골라 그들이 살아가는 모습에 초점을 맞춰 기사를 내자고 제안했다. 우리는 〈워싱턴포스트〉와 협력해서 기사를 작성했다. 그 기사는 크리스마스 당일 〈워싱턴포스트〉의 앞면을 대문짝만하게 장식하면서 내게 큰 기쁨을 안겨주었다. 빌이 후원자로 언급되기는 했지만, 기사의 초점은 그가 기부한 돈으로 집을 얻어 살고 있는 노숙자 가족에게 맞춰졌다.

만일 그 기사가 큰 금액의 수표를 쓴 어느 부유한 사내만을 다루는 내용이었다면 고작 지면의 한 귀퉁이를 차지하는 데 그쳤을 것이다. 생생하게 살아 숨 쉬는 평범한 서민의 이야기만큼 이해하기가 쉬우면서도 마음을 사로잡는 글은 없다.

요컨대 우리는 메모를 작성하든, 트위터에 메시지를 쓰든, 기업용 동영상을 만들든, 틱톡 동영상을 찍든, 채용 면접을 준비하든, 연방 예산안을 작성하든, 어렵고 까다로운 표현을 피하고 누구나 이해할 수 있는 '사람의 이야기'를 전해야 한다.

넷,

인생에도

포트폴리오가 필요하다

세상에는 말을 잘하는 사람과 행동을 잘하는 사람이 있다. 워싱턴 DC에서 36년을 지내다 보면 아무래도 정치가, 기자, 로비스트, 전략가처럼 말 잘하는 사람들에게 익숙해지기 마련이다. 그들은 문제를 해결함으로써 보상을 받는 게 아니라 글이나 입으로 몇 개의 단어를 말했는지에 따라 보상을 받는 게 틀림없다. 그렇지 않다면 나라의 부채가 31조 달러에 달하는 지경까지 이르지 않았을 것이다.

다행히 나는 36년의 사회 경력 중 22년을 기업의 세계에서 활동하면서 행동을 잘하는 사람들에게도 비슷하게 익숙해졌다. 나는 행동가들을 좋아한다. 그들은 일을 끝까지 완수하는 능력이 있고, 자신이 말한 바에 책임을 진다. 물론 정치인 중에서도 존 케이식처럼 약속을 잘 지키는 사람이 있고, 사업가 중에서도 버니 메이도프(월스트리트 역사에서 가장 큰 규모의 폰지 사기를 저지른 범죄자) 같은 사기꾼이 있다. 하지만 그런 사람들은 아주 예외적인 경우다.

나는 네 번째 전략에 담긴 교훈을 특히 좋아한다. 이 장에는 일을 효과적으로 완료하는 데 필요한 실전적 사고 및 행동 방식이 듬뿍 담겨 있다. 응답성과 끈기의 힘을 포함해 용기, 겸손함, 균형 잡힌 삶의 중요성 등에 관한 교훈도 가득하다.

여러분이 이 교훈을 마음속 깊이 받아들이고 내면화한다면 좀 더 생산적인 삶을 살아가는 데 도움이 될 것이다. 여기서 말하는 생산성이란 행정 업무 같은 일상적인 일을 처리할 때 활용하는 도구가 아니다. 물론 사회생활을 하다 보면 그런 업무도 어느 정도 해내야 한다. 내가 말하는 생산성이란 원대한 꿈을 품고 미래를 향한 큰 그림을 그릴 면허를 본인에게 발부하는 능력을 말한다. 당신이 진정한 생산성을 발휘한다면 생각을 행동으로 옮기고 꿈을 이룰 가능성이 훨씬 커질 것이다.

우리가 이 장을 읽으면서 생각해야 할 질문은 다음 네 가지다.

1. 나의 가장 큰 꿈은 무엇인가? 그 꿈을 성취하려면 무엇이 필요한가?
2. 모든 것을 바쳐 열심히 일하려면 어떻게 해야 하는가?
3. 내 성공의 걸림돌은 무엇인가?
4. 내가 본받고 싶은 생산성의 롤 모델은 누구인가?

# 16

## 슈퍼볼 경기 현장에서
## 날아온 이메일

데이비드 루벤스타인

---

 어느 해인가 몇몇 친구와 함께 집에서 슈퍼볼 경기를 TV로 보고 있었다. 그러다 지금 데이비드 루벤스타인이 경기장에서 게임을 직접 관전하고 있다고 말했다. 나는 데이비드 이야기가 나온 김에 그가 평소에 얼마나 응답이 빠른 사람인지를 친구들에게 자랑스럽게 얘기했다. 데이비드는 내게 이메일을 받을 때마다 거의 실시간에 가깝게 답장을 보냈다.
 친구 한 명이 데이비드가 경기장에 있을 때 이메일을 보내보라고 나를 부추겼다. 나는 그에게 이메일을 보내 슈퍼볼을 즐겁게 관전하고 있느냐고 물었다. 데이비드는 불과 몇 초 만에 응답했다. 평소에 그가 보내는 답신은 '오케이'처럼 짤막한 내용이 대부분이

었지만, 그날은 놀랍게도 경기 해설자 같은 어투로 게임이 지루하다고 답을 써서 보냈다. 내 친구들은 깊은 감명을 받았다(우리도 게임이 지루하다고 느꼈다. 그해의 슈퍼볼 경기는 그리 흥미롭게 펼쳐지지 않았다).

데이비드는 왜 그렇게 응답이 빠른 걸까? 그것이 그가 업무를 완수하는 방식이기 때문이다. 앞서 말한 대로 데이비드는 내가 평생 만난 사람 중에 가장 생산성이 높은 인물이다. 그는 야망이 크고 기회를 포착하는 능력이 뛰어나다. 데이비드의 수많은 목표를 달성하게 해주는 핵심적인 윤활유 중 하나가 바로 신속한 응답성이다. 그는 마치 전쟁에 참전한 장군처럼 생산성 향상을 돕는 참모들을 주위에 두고 적절히 활용한다.

데이비드가 젊었을 때 어떤 모습이었는지 잘 모르지만(앞에서도 말했듯이 내가 데이비드를 처음 만났을 때 그는 52세였다), 내가 그를 알게 된 이후로 각종 의사결정 도구를 활용해서 생산성을 높이는 그의 능력은 크게 향상됐다.

우리가 처음 함께 일하기 시작한 2001년만 해도 데이비드는 블랙베리\*를 사용하지 않았다. 비서가 데이비드에게 온 이메일을 프린트해서 그에게 건네주면, 그는 그 종이 위에 답변을 달아 비서에게 돌려주었고 비서는 그를 대신해서 이메일 답장을 보냈다. 놀라

---

\*　1999년에 출시된 초기 형태의 스마트폰

울 정도로 비효율적인 업무 프로세스였다.

하지만 기업의 세계가 이메일(그리고 블랙베리)이라는 기술로 옮겨감에 따라 데이비드는 마침내 이 간단한 도구의 위력을 실감하게 됐고 자신의 삶 속에 열정적으로 받아들이게 됐다. 그가 오른쪽 집게손가락으로 블랙베리(지금은 아이폰)에 메시지를 입력하는 모습을 보면 나도 모르게 미소가 지어진다. 스마트폰도 중요한 도구이기는 하지만, 그는 주로 이메일을 통해 소통한다. 요즘에는 하루에 400~500통 정도의 이메일을 받는다.

이메일은 양방향 소통 수단이기 때문에, 나는 데이비드에게 이메일을 보낼 때마다 '예스'나 '노' 같은 빠른 답변을 끌어내는 방식으로 메시지를 구성한다. 현 상황을 개괄적으로 설명하고, 선택지를 제시하고, 그중 하나를 추천하고, 답변을 요청하는 것이다. 이런 방식도 종종 효과가 있지만, 사안이 복잡할 때는 전화로 이야기를 나누며 해결책을 찾기도 한다.

자신의 업무가 다른 사람들로부터 승인이나 조언을 받는 일과 관련이 깊은 사람은 신속한 응답의 중요성을 절실하게 느낄 것이다. 특히 나처럼 홍보 업계에서 일하는 사람들에게는 시간이 생명이다. 기자들이 마감 시간에 쫓길 때는 1분 1초도 아쉽다. 다행히 데이비드는 그런 사실을 잘 알고 있다. 나는 그의 빠른 응답 덕분에 우리가 세상에 전달하고자 하는 서사를 더 쉽고 효과적으로 구축할 수 있다. 기자들과 미리미리 교류하면서 소통할 수 있기 때문이다.

　이런 초고도의 응답성이 항상 긍정적이기만 한 것일까? 빌 콘웨이는 '즉시성'보다 '중요성'에 초점을 맞추는 행보를 취하면서 우리에게 또 다른 교훈을 안겨준다. 물론 두 사람이 맡은 업무의 성격이 다르다 보니 서로 다른 접근방식이 필요할 수도 있다. 어떤 사람들은 '즉시성'과 '중요성' 중 무엇을 택해야 하는지 수시로 판단하면서 응답의 형태를 조율해 나가는 균형 잡힌 접근방식이 바람직하다고 말한다.

　나는 어렸을 때부터 꽤 행동 지향적이고 프로젝트 중심적인 아이로 자라났지만, 내가 싫어하는 일이나 프로젝트는 질질 끄는 면도 있었다. 그러나 데이비드의 신속한 응답성을 여러 해 동안 지켜본 뒤에는 업무적·개인적으로 상황에 대처하는 방식을 바꾸게 됐다.
　예를 들어 어떤 종류의 청구서를 받든지 그 자리에서 곧바로 돈을 치른다. 아내가 뭔가를 해달라고 부탁하면 즉시 일을 해결하든지 메모를 달아두고 최대한 이른 시간 내에 처리한다. 또 TV 보는 시간을 줄이고, 더 많은 글을 쓰고, 잠을 덜 자기 위해 노력한다. 나는 이제 60세에 불과하지만 데이비드처럼 시간이 부족하다는 사실을 뼈저리게 느끼고 있다. 일을 완수하기에 가장 좋은 시기는 바로 지금이다.
　응답의 속도를 높이는 일은 타인에 대한 영향력을 키우고 자신을 돋보이게 하는 길이기도 하다. 항상 수많은 이메일이 오가는 비즈니스의 세계에서는 누군가 제기한 문제에 첫 번째로 응답하는 사람이 논의의 주도권을 잡을 가능성이 크다. 이메일을 처음 발송한 사람이 수신자 그룹을 향해 특정 문제에 관한 의견을 물었을 때, 첫 번째로 응답한 사람이 본인이 원하는 방향으로 토론을 이끄는 모습은 수없이 목격했다. 다른 사람들은 그 의견을 따르든지 첫 번째 응답자의 의견에 '반대'한다는 의사를 밝힐 뿐이다.

그렇다고 타인의 의견에 절대 반대해서는 안 된다는 뜻은 아니다. 단지 당신이 특정 사안에 대해 견해가 분명하다면, 남들보다 먼저 토론에 발을 들여놓고 의견을 일찌감치 밝히라는 뜻이다. 물론 자신의 관점을 방어할 준비를 해야 하고, 다른 사람이 더 좋은 아이디어나 방법을 내놓았을 때는 본인의 입장을 양보할 각오도 해야 한다.

▶ **응답의 속도를 높이는 일은 타인에 대한 영향력을 키우고 자신을 돋보이게 하는 길이다.** ◀

# 17

## "지금 아니면 언제?
## 나 아니면 누가?"

아서 래빗

---

 성공한 사람들은 대부분 성미가 급하다. 개중에는 정도가 지나친 사람도 있다. 애플의 설립자 스티브 잡스나 테슬라의 CEO 일론 머스크는 성미가 극단적으로 급한 것으로 유명하다. 그들의 머릿속에서는 수백만 가지 아이디어가 맴돌지만, 이를 모두 현실화하기에는 시간이 부족하다. 다시 말하지만 일을 완료하기에 가장 적절한 시기는 바로 지금이다.

 아서 래빗도 성미가 꽤 급한 편이다. 그의 부드러운 목소리와 느린 말투에 가려 남들이 잘 눈치채지 못하지만, 그에게는 늘 긴장감이나 절박감 같은 감정이 느껴진다. 그는 결코 소리를 지르는 법이 없다. 자신의 의사를 명확히 전달하기 위해 신중하게 단어를 선택하고, 말의 길이도 너무 짧거나 길지 않다. 그는 70년 넘게 사회생활을 했는데도 늘 뭔가를 수행하고, 성취하고, 보여주고, 해결하고 싶어 조바심을 친다.

대통령이 임명한 직위에 있는 사람은 본인이 그 자리에 있는 동안 뭔가를 이룰 기회가 그리 많지 않다는 사실을 잘 안다. 아서는 2001년 빌 클린턴 대통령이 임기를 마치고 백악관을 떠날 때 자신도 미국 증권거래위원회 의장직을 내려놓아야 함을 잘 알고 있었다(그는 1993년 SEC 의장에 선임됐다).

아서의 행동 지향적인 삶의 방식은 SEC에서 처음 일하기 시작한 내게 큰 충격으로 다가왔다. 나는 워싱턴 DC의 SEC 본사 6층에 자리 잡은 그의 널찍한 사무실 한가운데서 아서를 바라보며 몇 발자국 앞에 서 있었다. 그는 마음속에는 앞으로 해야 할 일과 시작해야 할 프로젝트가 쉴 새 없이 오가는 듯했다.

아서는 5분 정도 혼자 중얼거린 끝에 이렇게 말했다. "그 일은 얼마나 진척됐나요?" 나는 그가 무엇을 말하는지 알 수 없었다. 그는 자신의 할 일 목록 맨 위에 적힌 항목을 가리키며 내가 그 일을 어떻게 처리했는지 다시 물었다. 나는 당황한 말투로 대답했다. "지금까지 의장님과 함께 있었는데 어떻게 그 일을 처리할 수 있습니까?" 그는 누구도 흉내 낼 수 없는 절제된 말투로 대답했다. "그렇다면 곧바로 일을 시작하는 게 좋겠군요."

그 일은 '순식간에 지나간 경험이지만 영원히 잊을 수 없는 기억'

을 안겨주었다. 그 짧은 순간의 강렬한 메시지는 내가 죽는 날까지 마음속에 남을 것이다.

### ▶ 일을 완료하기에 가장 적절한 시기는 바로 지금이다. ◀

아서는 2023년에 92세가 됐다. 인류의 역사가 15만 년이라면 92년이라는 세월은 전체 역사의 0.06퍼센트에 불과하다. 그가 그토록 서두르는 것도 무리가 아니다. 아서가 이름을 떨칠 기회는 잠깐뿐이다.

아서처럼 성미가 급한 사람들 옆에서 일하다 보면 그들의 성격에 관련된 몇 가지 특징을 발견할 수 있다. 그들은 집중력이 강하고 자존감이 높다. 트위터나 틱톡의 함정에 빠져 의미 없이 시간을 낭비하지 않고 쉴 새 없이 배우고 행동한다. 그들은 문제를 발견하고 해결책을 제시하며, 늘 기회를 포착하고 자기 것으로 만든다.

아서 같은 사람들은 주위 세계를 위해 어떤 일을 할 수 있고 무엇을 해야 하는지를 늘 고민한다. 그들은 이런 경구를 진지하게 받아들인다. "지금 아니면 언제? 나 아니면 누가?"

그렇다고 그런 종류의 사람들이 에고를 완전히 내려놓고 남들에게 봉사하는 삶만을 살아간다는 말은 아니지만, 어쨌든 그들의 에고는 건강하다. 그들의 이타심을 테레사 수녀 같은 분의 그것과 비교할 수는 없어도 그들 역시 세상을 발전시키고, 남들에게 영향력을 미치고, 사회적으로 올바른 일을 하는 데 삶의 초점을 맞춘다.

아서는 SEC 의장으로 8년을 재임하는 동안 수많은 업적을 달성했으며 100년에 달하는 이 조직의 역사상 가장 우수한 리더로 꼽혔다. 그는 뮤추얼 펀드의 투자 문서에 평범한 영어를 사용해야 한다는 강제 규정을 만들었고, 시장의 구조와 투자 프로세스를 바꿔 월스트리트의 전문가들이 독점했던 권력을 일반 투자자들에게 돌려주었다. 투자자들을 대상으로 집중적인 교육을 시행했고 그들의 이익을 보호하는 프로그램을 개발했다. 또 온라인에서의 사기나 주가 조작 등을 방지하기 위해 인터넷 범죄 단속 부서를 설립했고, 회계사들의 이해관계가 고객들의 이해관계와 충돌하는 상황을 최소화하기 위해 노력했다.

### ▶ "지금 아니면 언제? 나 아니면 누가?" ◀

이토록 성공적인 사람들 주변에서 일하다 보면 괜히 주눅이 들고 자신감이 없어질 때가 있다. 말하자면 '평범한' 인간으로서 종종 이런 생각이 드는 것이다. 그들과 비교하면 나 같은 사람이 할 수 있는 일은 무엇일까? 물론 절대 그런 생각을 해서는 안 된다. 우리는 다른 사람이 아닌 '나 자신이' 어떤 일을 해낼 수 있고, 남들과 무엇을 공유할 수 있고, 세상에 어떤 영향을 끼칠 수 있는지에 초점을 맞춰 살아가야 한다.

그렇다고 대단한 권력자나 반신반인 같은 인물이 되어야 한다는 말이 아니라, 신이 내려준 재능이나 능력을 최대한 발휘해서 남들을 도와야 한다는 뜻이다. 내가 쓴 첫 번째 책의 핵심 메시지도 바로 그것이었다. 이 책은 독자들에게 자신의 숨겨진 재능을 찾아내어 주위 사람들의 마음을 움직이고 그들의 삶을 바꾸는 데 활용하라고 권한다.

나는 시간이 없으니 곧바로 일을 시작해야 한다는 아서의 준엄한 경고를 매일 마음속에 새긴 결과 나 역시 쉼 없이 생각하고, 말하고, 발견하고, 나누고, 행동하는 삶을 살게 됐다. 한순간의 낭비도 아까워하는 아서의 조급한 태도, 그리고 늘 개인적·직업적 프로젝트의 목록을 손에 들고 행동하는 그의 열정적인 자세를 본받기 위해 노력한다. 요즘에는 회사에서 업무를 보는 이외에도 책을 쓰고, 전 직장 퇴사자들의 모임을 이끌고, 대학생들과 사회 초년생들을 멘토링하고, 우리 아이들의 생활을 기록하는 등 여러 가지 일을 하며 바쁜 나날을 보내고 있다.

지난 몇 년 사이 몇몇 친구가 세상을 떠난 일도 마음속에서 절박감의 느낌이 더 크게 자라나는 계기가 됐다. 비록 데이비드 루벤스타인처럼 '결승점을 향해 전속력으로' 달리지는 않더라도, 나로서는 조금이라도 더 많은 일을 이루기 위해 하루하루 노력하고 있다. 그 일이 가치가 없어지거나 불가능해지기 전에.

# 18

## 데이비드는 어떻게
## 전 세계의 돈을 끌어모으는가

데이비드 루벤스타인

---

데이비드 루벤스타인은 언제나 자신이 원하는 바를 이뤄낸다. 그렇다고 남에게 소리를 지르거나, 질책하거나, 위협적인 전략을 사용하거나, 사람을 조종하지는 않는다. 그가 의존하는 전략은 정확한 사실관계, 선명한 논리, 간헐적인 감정적 호소, 다양한 인간관계, 수많은 감사 표시, 그리고 무엇보다 굽힐 줄 모르는 끈기다.

그의 가장 큰 재능 중 하나는 투자 자금을 조달하거나 자선기금을 모집하는 것이다. 사실 데이비드 루벤스타인은 인류 역사상 가장 성공적인 자금 조달 전문가라고 불린다. 그는 36년 동안 칼라일을 이끌면서 전 세계의 노련한 투자자들에게서 2,500억 달러의 자금을 유치했다. 수많은 비영리단체를 위해서도 수십억 달러를 모금했다.

칼라일이 설립된 초창기에는 제대로 일할 만한 사람이 데이비드밖에 없었다. 그는 투자 기회가 적힌 서류, 비행기표, 끊임없는 에너지로 자신을 무장했다. 시간이 지남에 따라 조직도 커지고 업무도 다양해졌지만 개인 투자자나 단체로부터 칼라일에 돈을 맡기겠다는 약속을 끌어내는 데 데이비드만큼 투지가 강하고 능력이 출중한 사람은 없었다.

투자자들은 '0'이 여러 개 달린 수표를 쓰기 전에 먼저 당신이 누군지 알아야 하고, 더 중요한 것은 당신을 믿어야 한다. 데이비드는 투자자의 신뢰를 얻기 위해 베이징이나 아부다비로 세 번, 네 번, 다섯 번 날아가야 한다면 언제라도 그렇게 했다. 그는 포기를 모르는 기계 같은 사람이었다.

나의 상사가 자금을 조달하는 데 놀라운 능력자라는 사실을 잘 알고 있던 나는 어느 날 그에게 조언을 구했다. 당시 나는 노숙자들을 돕기 위해 설립된 비영리단체 SOME을 위해 기금 모집을 시작한 상태였다. 몇 년 전에는 워싱턴 도심의 빈민 지역 아이들에게 좋은 교육 여건을 마련해줄 목적에서 기독교 학교를 위해 기금을 조성한 적도 있었다. 나는 데이비드에게 몇 년 전 내가 기금 모집에 사용한 방법이 효과적이었는지, SOME을 위해 돈을 모을 때 좋은 아이디어가 있는지 물었다.

예전에 기금을 모을 때는 친구들이나 가족에게 내가 하고자 하는 일을 이메일로 설명하고 기부를 요청했다. 그리고 내가 이렇게 부탁하는 것은 오직 한 번뿐일 거라고 덧붙였다. 여러 번 확인하거나 애걸하지 않겠다는 것이다. 내가 하는 일의 좋은 취지가 사람들의 마음에 전달된다면 그들이 자진해서 돈을 기부할 거라고 믿었다. 많은 사람이 요청에 응답했다. 내가 최종적으로 모은 금액은 1만 1,000달러였다.

"아니, 아니, 아니에요." 데이비드는 내 말을 듣고 세차게 고개를 저었다.

그는 내가 자신의 방법을 사용했다면 훨씬 더 많은 돈을 모았을 거라고 말했다. 사람들에게 모금의 취지를 설명하고, 또 설명하고, 필요하다면 몇 번이라도 설명하라는 것이다. 데이비드는 기부금을 모집하는 사람과 돈을 기부하는 사람 양쪽의 입장이 되어보라고 말했다. 실제로 그는 기부를 요청하는 사람이 자신에게 여러 차례 부탁을 해야만 비로소 수표를 쓴다고 밝혔다.

▌**사람들에게 설명하고, 또 설명하고, 필요하다면 몇 번이라도 설명하라.** ▍

나는 그의 방법을 따랐다. 이메일 명단을 만들어 사람들에게 발송하고 일일이 전화를 돌렸다. 그들을 방문해서 쫓아다니기도 했다. 칼라일의 복도에서 만난 동료들을 붙들고 늘어지며 내가 이메일을 보낸 사실을 상기시켰다. 많은 사람이 돈을 기부하겠다고 약속했다. 나는 수표를 손에 넣을 때까지 똑같은 일을 반복했다. 그렇다고 내가 전하고자 하는 메시지를 바꾼 게 아니라 그저 끈질기게 기부를 요청하며 쫓아다녔을 뿐이다.

쉬운 일은 아니었지만, 노력은 열매를 맺었다. 나는 SOME을 위해 3만 달러의 자금을 모집했다. 하지만 그 일로 인해 친구들과의 우정이 훼손됐다고 생각하지 않는다. 사람들은 그 돈이 좋은 데 쓰일 것임을 잘 알고 있었다. 다만 그들에게는 데이비드 루벤스타인 스타일의 '독려'가 필요했을 뿐이다.

# 19

## 나의 상사는
## 나의 메일을 읽지 않는다

빌 콘웨이

빌 콘웨이는 내가 보낸 이메일을 종종 무시했다. 그럴 때마다 좌절감이 밀려왔다. 칼라일의 동료 피트 클레어는 빌이 이메일을 포도주처럼 취급한다고 말한 적이 있다. 수신함에 넣어두고 충분한 '숙성' 과정을 거친다는 뜻이다.

그렇다고 빌을 나무랄 생각은 없다. 만일 나도 4,000억 달러라는 거금을 운용하는 책임을 맡고 있다면 부하직원의 이메일을 며칠간 무시할지도 모른다. 당신의 임무가 전 세계 수백만 공공 연금 가입자들의 노후를 보장하는 것이라면 〈월스트리트 저널〉이나 〈블룸버그〉의 기자들을 만나 이야기하는 일은 그날의 할 일 목록 맨 아래쪽에 자리 잡고 있을 것이다.

물론 빌이 내 사무실 앞을 피해 다른 곳으로 돌아가거나 복도에서 내가 다가오는 모습을 보고 방향을 바꿀 때면 기분이 썩 좋지는 않았다. 하지만 나는 그가 내 이메일을 무시하거나 나를 만나지 않기 위해 다른 길로 돌아가는 일을 감정적으로 받아들이지 않기로 했다.

내가 깨달은 핵심 메시지는 빌의 가장 큰 우선순위와 그가 이곳에 존재하는 이유를 인정해야 한다는 것이었다. 칼라일의 공동 설립자 세 사람이 하나같이 큰 성공을 거둔 이유는 서로의 임무를 명확히 구분했기 때문이다. 빌은 투자 업무를 전담했고, 댄은 조직을 운영하는 역할을 맡았으며, 데이비드는 전략 수립, 자금 조달, 공적으로 회사를 대표하는 일을 담당했다. 빌, 댄, 데이비드는 자신의 영역을 지켜가면서 각자 보유한 기술을 활용해 최선의 결과를 얻어냈다. 이는 세 사람이 최고의 업적을 성취할 수 있는 가장 효과적인 방법이었다.

빌은 칼라일의 최고 투자 책임자로서 다른 모든 경쟁적 이해관계에 선행하는 단 하나의 목표, 즉 이 회사에 자금을 지원한 투자자들에게 높은 수익을 돌려준다는 목표에 모든 것을 걸었다. '높은 수익'을 올린다는 말은 5년 안에 투자금을 최소한 두 배로 늘린다는 뜻이었다. 이를 연간 수익률로 계산하면 연 20퍼센트에 달한다. 참고로 일반 은행의 저축예금 이자율은 연 0.35퍼센트에 불과하다. 수많은 사모펀드가 치열한 경쟁을 벌이는 투자의 세계에서 연 20퍼센트의 수익률을 창출하는 일은 일회성 프로젝트가 아니라 하루 24시간 일주일에 7일을 지속해야 할 영원한 과업이었다.

빌은 해가 뜨나 해가 지나 자신의 유일한 목표를 달성하는 데 가장 중요한 일이 무엇인지 파악해서 그곳에 온 힘을 쏟았다. 그는 언젠가 이렇게 말했다. "많은 사람이 목표와 무관한 일에 시간을 낭비합니다. 별로 중요하지도 않은 일을 완벽하게 해내려고 노력하죠."

세상을 살다 보면 알맹이는 없어도 겉으로는 화려하고 요란해 보이는 일에 정신이 팔리기 마련이다. 그런 곳에 눈길을 주지 않는 것은 빌의 가장 큰 강점 중 하나다. 빌에게 집중의 힘을 가르쳐준 그의 아버지는 아들을 자랑스러워할 것이다.

> **많은 사람이 목표와 무관한 일에 시간을 낭비합니다. 별로 중요하지도 않은 일을 완벽하게 해내려고 노력하죠.**

그렇다면 빌이 그토록 몰두한 일은 도대체 무엇이었을까? 투자 전문가들로 이루어진 팀을 관리하고, 똑똑한 사람들(경제학자, 임원, 관리자, 동료 투자자들)에게서 가르침을 얻고, 거시 경제의 방향을 이해하고, 칼라일이 특화된 산업 분야의 강점과 약점을 파악하고, 투자 위원회가 작성한 메모(특정 투자 건에 대한 제안이나 설명이 담긴 50~70페이지 정도의 책자)를 샅샅이 검토하고, 팀원들에게 현재 진행 중이거나 앞으로 진행될 투자 거래의 현황을 자세히 캐묻고, 수십 년간의 경험을 통해 축적한 정보와 동물적인 감각을 사용해 '예' 또는 '아니오'의 투자 결정을 최종적으로 내리는 것이 그의 주된 업무였다.

이 업무 목록에 없는 것은 무엇이었을까? 대중 연설, TV 인터뷰, 언론 매체에 얼굴 내밀기, 팟캐스트 출연, 신문에 칼럼 기고하기, 책 쓰기이다. 그의 집중력을 빼앗는 온갖 활동들이다.

나는 빌의 스타일에 적응하는 데 꽤 시간이 걸렸다. 내가 중요하다고 생각하는 일이 빌에게는 중요하지 않을 수 있음을 배워야 했다. 그래도 1년에 한 번 정도는 신문사의 취재나 TV의 심층 인터뷰 요청에 응해보라고 그에게 권했다. 빌도 칼라일의 공동 CEO로서 가끔은 대중 앞에 모습을 보여야 한다는 것을 알고 있었다. 그도 자신의 이름이 신문에 오르내리는 일을 그렇게 싫어하지 않았다.

나는 평소에도 집중력을 쉽게 방해받는 편이라 빌의 편집광적인 집중력을 본받아서 개인적·직업적 목표를 달성하기 위해 노력하고 있다. 지난 몇 년 사이에 깨달은 사실 중 하나는 뭔가에 집중하는 연습을 거듭할수록 집중력이 더 향상된다는 것이다. 하지만 이 순간에도 쓸모없고 시간을 낭비하는 일들이 나를 궤도에서 이탈시키기 위해 호시탐탐 노리고 있으므로 늘 정신을 바짝 차려야 한다.

나는 집중력을 강화하는 데 필요한 도구와 기술을 다양하게 활용하고 있다. 예를 들어 구체적인 목표와 할 일 목록을 작성하고, 전자 기기의 알림 메시지도 울리지 않게 해둔다. 글을 쓸 때는 연주곡만 잔잔하게 틀어놓는다. 주변 사람들에게도 내 목표를 알려둔 덕분에 그들이 진척 상황을 물어올 때마다 기존의 궤도를 유지하는 데 도움이 된다. 또 집중력을 유지하게 해달라고 신을 향해 기도한다. 소셜 미디어의 함정에 빠지는 일도 피한다. TV도 잘 보지 않는다.

무엇보다 중요한 일은 신이 내게 재능을 선사했고, 그 재능을 살려서 최선의 성과를 이루는 게 내 의무라는 사실을 굳게 믿는 것이다. 시간을 허투루 낭비하기에 인생은 너무나 짧다. 우리는 주위 사람들에게 많은 이야기를 들려주고 그들의 삶에 영향력을 미쳐야 한다.

## 20

## IBM을 떠나면서
## 포트폴리오 인생이 시작되었다

루 거스너

---

 루 거스너는 칼라일의 이사회 의장으로 취임할 때 이미 유명 컴퓨터 기업 IBM을 몰락의 수렁에서 건져낸 인물로 세계적인 명성을 쌓은 사업가였다. 과거의 영광을 뒤로한 채 급격한 쇠퇴의 조짐을 보이던 이 대기업은 루 거스너의 리더십 아래에서 21세기가 임박한 상황에서 새로운 전기를 맞았다.

 루가 활동하는 모습을 옆에서 지켜보는 일은 늘 흥미로웠다. 그는 집중력이 강하고, 신중하고, 성미가 급하고, 실용적이고, 무뚝뚝했다. 따뜻하고 부드러운 성격과는 거리가 멀었으며, 오직 업무를 완수하는 데 집중하는 스타일이었다.

 선견지명을 지닌 사업가였던 루는 각종 언론 매체에서 가장 많이 인터뷰를 요청하는 사람 중 하나였다. 나는 그가 언론과 교류하는 과정을 옆에서 도울 수 있어서 큰 축복이라고 생각했다. 그는 인터뷰 요청을 대개 거절하는 편이었으나 가끔은 수락하기도 했다. 나는 루와 업무적으로 교류하는 과정에서 그의 '포트폴리오 인생'에 대해 배웠다.

포트폴리오 인생이란 개인의 관심사, 능력, 필요에 따라 여러 가지 형태의 활동을 유연하고 균형 있게 조합하며 살아가는 일을 뜻한다. 어떤 활동은 돈을 버는 게 목적이고, 어떤 활동을 돈을 기부하는 게 목적이다. 또 모든 일은 당사자를 행복하게 하는 데 초점이 맞춰져 있다. 중요한 점은 이런 다채롭고 여유 있는 삶이 '은퇴'를 의미하는 게 아니라는 것이다. 포트폴리오 인생이란 개인적·직업적으로 충실하게 활동하면서도 스스로 완벽한 통제력을 행사하는 삶을 의미한다. 말하자면 당신의 상사를 포함한 그 누구에게도 강요받지 않는 인생을 살아가는 것이다.

▶ **포트폴리오 인생이란 유연하고 균형 잡힌 삶을 뜻한다.** ◀

루는 IBM의 CEO 겸 이사회 의장으로 취임한 뒤에 처음에는 회사를 어려움에서 건져내는 데 집중했고 다음 9년 동안에는 자신이 수립한 전략을 실행에 옮겨 과거의 명성과 시장 점유율을 되찾는 일에 주력했다. 그의 '포트폴리오 인생'이 시작된 것은 2002년

IBM을 떠나면서부터였다.

루의 버킷 리스트는 일, 교육 개혁, 자선사업, 가족(특히 손주들), 골프 등으로 채워져 있었다. 그는 IBM을 떠난 뒤에도 자신의 후임자 샘 팔미사노의 컨설턴트로 일했고 칼라일의 이사회 의장에 취임해 파트타임으로 활동했다. 교육 개혁에도 관심이 깊었던 루는 초중고 공립 학교의 교육 환경을 개선하는 일에 앞장섰다. 또 의료 연구에 특화된 가족 재단을 설립했고 그곳에 수백만 달러를 기부하기도 했다. 그토록 바쁜 일정 가운데서도 틈틈이 골프를 즐기고 가족들과도 많은 시간을 보내는 루의 삶은 진정한 포트폴리오 인생이라고 부를 만했다.

루가 자신의 포트폴리오 인생에 대해 들려주는 이야기는 내 흥미를 자극했다. 나도 그런 삶을 살 수 있을까? 몇억 달러의 재산을 소유한 전직 CEO 같은 거물이 되어야만 가능한 일일까? 그의 삶에 대해 배울수록 나 자신도 포트폴리오 인생을 살고 싶다는 욕구가 커졌다. 비록 내가 큰 부자나 거물은 아니라고 해도.

그때가 2003년이었다. 나는 그 뒤로 15년 동안 포트폴리오 인생의 실행 가능성을 곰곰이 생각했다. 그 결과 그런 형태의 삶을 살기 위해서는 많은 돈을 버는 것보다 실용적이고 행동 가능한 계획을 세우는 일이 더 중요하다는 결론에 도달했다.

내가 하고 싶었던 일은 무엇이었을까? 유연하고 균형 잡힌 일상은 우선순위의 첫 번째였다. 독립해서 회사를 세우고 싶기도 했다. 또 아이들이 커서 집을 떠나기 전에 더 많은 시간을 함께 보내고. 아내와 여행을 즐기고, 바닷가에 집을 구매하고, 책을 쓰고, 젊은 이들을 멘토링하고, 책과 강연을 통해 사람들에게 숨겨진 재능을 찾아낼 용기를 주고, 자전거를 타고 야외를 누비며 튼튼한 몸을 유지하고 싶었다.

포트폴리오 인생을 살기 위해 가장 먼저 해야 할 일은 홍보 컨설팅 회사를 설립하는 것이었다. 그래서 18년 가까이 근무한 칼라일을 떠나 2019년 울만 커뮤니케이션을 세웠다. 그 덕에 나는 꽤 유연하고 여유 있는 삶을 누리게 됐다. 이제 누구의 강요도 받지 않고 함께 일하고 싶은 고객을 선택할 수 있다. 내가 원하는 곳에서 일할 수 있다. 남의 눈치를 볼 필요가 없다. 일할 때는 울만 커뮤니케이션의 공식 근무복인 청바지와 폴로셔츠를 착용한다. 오랜 시간 내 트레이드마크였던 정장과 넥타이는 옷장 속에 처박아버렸다.

하지만 내게 부족한 것은 '균형'이다. 사업이 꽤 순조롭게 돌아가다 보니 처음 예상한 것보다 더 많은 시간을 일해야 한다. 그 말은 가족과 소중한 시간을 보내거나 책을 쓰는 일을 일정에 끼워 넣기가 어렵다는 뜻이다. 하지만 나는 꾹 참고 때를 기다린다. 포트폴리오 인생은 모 아니면 도의 게임이 아니다. 루는 계획을 세우는 일의 중요성을 일깨워주었다. 나는 원하는 목표를 향해 조금씩 다가서고 있다.

# 21

## "폐하,
## 어떤 음표를 줄이면 되겠습니까?"

아서 래빗

---

신성로마제국 황제 요제프 2세가 말했다. "이 곡에는 음표가 너무 많군. 조금 줄이면 완벽해지겠어."

볼프강 아마데우스 모차르트가 답했다. "폐하, 어떤 음표를 줄이면 되겠습니까?"

영화 〈아마데우스〉에 나오는 이 대화는 우리가 남들에게 건설적인 비판을 제기할 때 주의할 점이 무엇인지를 잘 보여준다.

모차르트는 황제 앞에서 새로운 오페라의 초연을 막 마친 참이었다. 공연이 끝나자 황제는 좋은 연주였다고 모차르트를 칭찬한다. 그러면서 이 곡에는 '음표가 너무 많다'라는 애매한 비평을 늘어놓는다. 분개한 모차르트는 어떤 음표를 없애야 하느냐고 되묻지만, 황제는 답하지 못하고 그저 음표가 너무 많다는 말을 되풀이할 뿐이다. 모차르트는 난처한 처지에 놓인다. 새로운 작품을 어떻게 손봐야 한다는 말인가?

남을 비판할 때는 직관적이고 자연스러운 태도도 필요하지만, 자기가 보고 느낀 점을 구체적이고 상세하게 밝혀야 한다. 안타깝게도 황제는 바로 그 부분에서 실패했다. 그는 모차르트의 작품을 개선하는 데 도움이 될 만한 피드백을 제공할 능력이 없었다. 모차르트는 작곡가로서 자신만의 예술 작품을 창조하기 위해 노력했지만, 황제는 그 예술 작품에 효과적인 비판을 가하기 위해 노력하지 않았다.

> ▌ 남을 비판할 때는
> 직관적이고 자연스러운 태도도 필요하지만,
> 자기가 보고 느낀 점을
> 구체적이고 상세하게 밝혀야 한다. ▌

아서 래빗은 오페라를 작곡하지는 못하지만(감상하기는 좋아한다), 창의적인 생각을 쉴 새 없이 쏟아내는 '아이디어 기계' 같은 사람이다. 앞에서 말한 대로 아서는 매일 아침 새로운 아이디어를 한 아름 안고 사무실에 출근했다. 그의 비서실장, 법률 고문, 연설문 작성자, 부문별 이사들, 그리고 나는 그의 독특하고 창의적인 아이디어에 피드백을 제공하는 실험 그룹의 역할을 맡았다. 우리의 목표는 수많은 후보자 중에 진정으로 가치 있는 아이디어를 찾아내는 것이었다. (참고로 이 장의 핵심 주제는 아서의 창의성이 아니라 우리가 남들을 비판할 때 어떻게 창의성을 발휘할 것인가이다.)

증권거래위원회 의장의 업무는 투자자들을 교육하고, 시장을 규제하고, 사기를 근절하고, 자본 시장을 관리 감독하는 일을 포함해 매우 폭넓고 다양하다. 아서는 자기가 낸 아이디어 중에 어느 것이 가장 훌륭한지, 어느 것이 평균 이상인지, 어느 것이 신통치 않고 말도 안 되는지 부하직원들이 판단해 주기를 바랐다. 하지만 우리는 어떤 아이디어가 좋고 나쁜지를 단답식으로 말하기보다, 본인이 왜 그렇게 생각하는지에 대한 근거를 자세하고 자신 있게 밝혀야 했다.

당시 나는 아서가 제시한 아이디어를 체계적으로 분석해서 그에게 건설적인 비판을 제기하는 데 도움이 될 만한 몇 가지 기준을 세웠다.

1. 전략: 전략적 목표를 추구하는 데 유익한가?
2. 창의성: 참신하고 흥미로운가?
3. 효율성: 뭔가를 성취하는 데 도움을 주나?
4. 이해관계자: 이를 좋아할 사람과 싫어할 사람은 누군가?

5. 적절성: 조직의 성격과 임무, 그리고 리더가 추구하는 목표에 부합하는가?
6. 시간: 적정한 시간 안에 그 일을 해낼 수 있는가?
7. 비용: 그 일을 수행하는 데 얼마나 많은 돈이 드는가?

모차르트와 황제의 대화를 다시 떠올려보자. 만일 황제가 음표가 너무 많다는 발언에 살을 붙여 자신의 주장에 좀 더 자세한 근거를 제시했다면 어떤 일이 생겼을까? 물론 이 천재적인 음악가는 그때도 분노를 느꼈겠지만, 황제의 구체적인 요구를 외면하지는 못했을 것이다.

아서와 내가 함께 일한 것은 22년 전의 일이지만, 나는 그동안 이 기준들을 실전에 적용해서 동료나 고객들에게 수없이 조언을 제공했다. 예를 들어 다른 사람이 쓴 글에 수정을 가할 필요가 있을 때는 마이크로소프트 워드 프로그램의 '빨간 선 긋기' 기능을 이용해서 내가 수정한 내용을 당사자가 금방 확인할 수 있게 해준다. 특히 조직에 새로 합류한 신입 직원들을 교육할 때는 이 방법이 효과적이다. 또 빨간색 선을 사용하면 내가 수정한 내용에 동의하지 않는 사람이 이의를 제기하기가 쉽다.

나는 사람들이 내게 반대 의견을 내는 일을 좋아한다. 그들은 적극적으로 의견을 제시함으로써 자기 분야에 확신이 있음을 입증할 수 있고. 나도 내가 확신한 바가 옳은지 시험할 수 있다.

타인의 성과를 개선하도록 돕는 능력은 훌륭한 재능이다. 사람들은 누구나 남에게 피드백을 얻는 일을 좋아한다. 피드백의 핵심은 상대방을 발전시키는 것이다. 그러려면 정확한 판단력과 겸손한 태도, 높은 수준의 공감 능력을 갖춰야 한다.

# 22

## "데이비드,
## 당신의 연설은 엉망이었습니다"

데이비드 루벤스타인

---

데이비드 루벤스타인은 〈월스트리트 저널〉이 주최한 금융 콘퍼런스의 무대에 올라 2,500여 명의 관객 앞에서 막 연설을 끝냈다. 행사 주최자가 감사의 말을 전했다. 그는 뒷문이 어디인지 묻고는 스마트폰을 확인하며 라디오 시티 뮤직홀을 빠져나와 뉴욕의 거리로 나선 뒤에 이렇게 말했다. "그럭저럭 괜찮았군." 그러고는 나를 향해 연설이 어땠는지 물었다.

"엉망이었습니다." 내가 대답했다. 침묵. 내 솔직한 평가는 마치 악취탄이라도 쏘아 올린 듯이 순식간에 공기 속으로 퍼져나갔다. 데이비드가 입을 열기까지 몇 초가 흘렀다. 곧 닥쳐올 실직의 두려움에 사로잡히기에는 충분한 시간이었다. 데이비드와 함께 일한

지 그리 오래되지 않은(2년 남짓) 때였다. 나는 그토록 솔직한 부하 직원 앞에서 그가 어떤 식으로 반응할지를 전혀 예측할 수 없었다.

그가 입을 열었다. "왜 그렇게 생각해요?"

무서운 눈으로 노려보거나 나를 향해 멍청이 같다고 고함치지 않아 불안감은 더 컸다.

"일단 말이 너무 빨랐습니다. 70장이나 되는 파워포인트 슬라이드를 25분 만에 설명했으니까요. 그리고 업계에서만 통용되는 어려운 용어를 사용했어요. 그 주제에 익숙한 저도 연설을 전부 이해하기가 어려웠습니다."

다시 정적이 흘렀다. 나는 생각했다. 일자리를 다시 찾아야 하나? 이력서를 어떻게 쓰지?

"알겠어요." 그의 대답은 짧았다. 조금도 기분이 상하지 않았다는 듯 그뿐이었다.

그로부터 1년이 지난 뒤 데이비드는 똑같은 행사에서 다시 연설자로 나섰다. 이번에는 말하는 속도를 눈에 띄게 줄였고, 슬라이드도 사용하지 않았으며(자기가 발표할 내용을 머릿속으로 전부 암기했다), 대중들이 이해하기 쉬운 일반적인 용어를 사용했다. 그때와는 딴판으로 달라진 모습이었다.

그리고 17년이라는 세월이 또 흘렀다. 오늘날 데이비드는 세계에서 가장 인기 있는 대중 연설자이자 인터뷰 진행자가 됐다. 대체 무슨 일이 일어난 걸까?

그가 그런 사람이 될 수 있었던 비결은 열린 마음이다. 데이비드는 건설적인 비판을 받아들이는 자세와 늘 최고의 자아가 되고자 하는 열정을 갖고 있었다.

나는 칼라일에서 18년을 근무하며 데이비드가 수천 번의 연설과 프레젠테이션에 나서는 모습을 지켜봤다. 어느 외딴 지역의 키와니스 클럽*에서 데이비드를 초청해 20여 명의 회원 앞에서 연설을 부탁하면 그는 기꺼이 요청을 수락했다. 청중이 수천 명이든 수십 명이든, 행사장이 지구 반대편이든 길 건너편이든, 그는 주제와 시간을 가리지 않고 연설에 나섰다.

▌ **건설적인 비판을 받아들이는 자세,
늘 최고의 자아가 되고자 하는 열정** ◢

데이비드는 CNBC 방송국의 〈스쿼크 박스〉에 주기적으로 출연해서 고위 관료와 대학생 인턴을 포함한 모든 사람에게 재미있는 이야기를 들려준다. 그가 토론을 진행하는 주제는 판다 곰의 멸종 위기, 마그나 카르타와 독립선언서, 사모펀드 시장의 현황, 세계 경제 등을 포함해 매우 다양하다.

데이비드는 성장하고자 하는 사람이 어떻게 행동해야 하는지를

---

\*   1915년 미국에서 설립된 국제 민간 봉사 단체

모범적으로 보여주는 인물이다. 그는 선천적으로 수줍음을 많이 타는 성격을 극복하고 좌중을 압도하는 방법을 배우기로 마음먹었다.

그리고 자신의 방식대로 목표를 이뤘다. 그는 연설 코치를 채용하지 않았고(내가 권했지만 거절했다), 대신 금융과 역사에 관한 백과사전 수준의 지식, 천연덕스러운 유머, 엄청나게 빠른 속도로 말하기, 적절한 자기 비하, 건설적인 비판에 대한 개방적인 태도 등을 활용해서 연설 기술을 독자적으로 갈고닦았다.

내가 고객이나 동료들에게 항상 당부하는 말 중 하나는 연설하는 법을 남에게 배울 수는 있지만, 연습이 부족하면 아무리 교육을 받아도 소용이 없다는 것이다. 가장 중요한 것은 연설 기술을 개발한다는 목표를 우선순위에 올려두고 주위 사람들에게 솔직하고 용감한 피드백을 적극적으로 구하는 일이다.

데이비드에게는 본인을 끊임없이 개선하겠다는 다짐이 자존심보다 더 중요했다. 그는 오늘날 프로 연설가가 됐지만 지금도 TV에 출연하거나 중요한 연설을 마친 뒤에는 내게 연락해서 어떤 부분이 잘 됐고 어떤 부분을 개선할 필요가 있는지 함께 상의하곤 한다.

물론 남에게 솔직한 피드백을 제공하는 데는 약간의 용기가 필요하다. 혹시라도 상대방의 기분을 상하게 하지나 않을지, 인간관계에 영향이 없을지, 내가 잘난체하는 사람으로 비치지 않을지 염려하게 된다. 게다가 피드백을 받을 사람이 당신의 직업적·경제적 운명을 좌우하는 상사라면 그런 우려는 10배 정도 커진다.

> ▌**데이비드에게는 본인을 끊임없이 개선하겠다는 다짐이 자존심보다 더 중요했다.** ▟

하지만 나는 이렇게 말하고 싶다. 남의 말을 귀담아듣지 않고 자기 자신을 개선하는 데 관심이 없는, 불안정하고 자기중심적인 사람을 위해 일하기에는 우리의 삶이 너무 짧다. 그런 사람들은 자신을 향해 온갖 찬사만을 늘어놓은 아첨꾼들에 둘러싸여 살아가고 싶어 한다. 얼마나 답답한 일인가. 당신이 타인에게 건설적인 피드백을 제공할 용기가 있어도 상사가 세상의 모든 일이 도통했다는 듯이 이를 외면한다면 미련 없이 새로운 일자리를 찾아보는 편이 좋다.

데이비드에게 직설적인 피드백을 던진 그날, 나는 예스맨이 아니라 신뢰받는 조언자가 되기로 마음먹었다. 비록 그 일로 인해 두 사람의 관계가 어색해지고 심지어 내가 일자리를 잃는다고 해도, 애초에 그가 나를 채용한 목적에 따라 내가 해야 할 일을 제대로 수행하는 것이 데이비드와 회사가 최고의 성과를 낼 수 있도록 돕는 길이라 생각했다.

나도 데이비드를 본받아 주위 사람들에게 의견을 솔직하게 제시할 면허증을 발부하면서 적극적으로 피드백을 구하고 있다. 물론 TEDx 강연 같은 대중 연설을 마친 뒤에 좋은 연설이었다고 칭찬받으면 기분이 좋다. 하지만 내가 연설 능력을 개선할 수 있는 유일한 방법은 크든 작든 내게 어떤 점이 부족한지 배우는 것이다. 나는 결점을 지적받고 느끼는 마음의 상처보다 성장을 향한 흥분감이 더 중요함을 잘 알고 있다.

다섯,

중요한 건
문제를 해결하는 것

문제를 해결하는 일은 삶에서 이따금 수행해야 하는 특별한 프로젝트가 아니다. 인생이라는 여정의 핵심이다. 우리가 그 순간에 어떤 이름(문제, 도전, 기회, 난감한 처지 등)을 붙이든, 우리는 매일 그런 상황을 맞는다. 대부분 사소하지만 때로 큰 문제도 벌어진다. 문제를 해결하려면 지적인 능력도 요구되지만, 자신에게 주어진 도구를 효과적으로 활용해서 적극적으로 사안에 개입하는 태도가 필요하다.

　이 장은 우리에게 특히 중요하다. 이유는 문제 해결의 핵심은 생각이고, 생각은 행동에 영향을 미치기 때문이다.

　우리는 감정과 논리 중 무엇에 좌우되는가?

　우리는 인간의 본질을 얼마나 잘 이해하나?

　우리는 직설적으로 소통하는가, 아니면 말을 주저하는 편인가?

　우리는 이상주의자인가, 실용주의자인가?

　이 대답과 관련된 우리의 성향이나 위치를 꼭 집어서 표현하기는 어렵겠지만, 스펙트럼 위에서 개략적인 지점을 표시할 수는 있을 것이다.

　예를 들어 아내는 내가 어떤 부분에서는 유달리 한 쪽에 치우치는 모습을 보인다고 말한다. 나는 논리적이고, 회의적이고, 솔직한 사람이다. 그리고 진실 자체보다는 진실에 관한 세간의 인식이 더 중요하다고(실제로는 반대였으면 좋겠지만) 생각한다. 나의 그런 면모가 긍정적일까, 부정적일까? 물론 일반적으로는 긍정적이라고 말하고 싶다. 하지만 무엇이든 극단적인 것은 바람직하지 않으며 때에 따라서는 비생산적일 수도 있다.

망치가 도구인 것처럼 감정, 논리, 회의적인 태도, 솔직함도 모두 우리에게 주어진 도구다. 이 장에 담긴 교훈들은 당신이 각각의 도구를 좀 더 정확히 이해하도록 돕고, 적절한 때에 적절한 기술을 사용해서 이 도구들을 활용하는 방법을 알려줄 것이다.

이 장을 읽으면서 다음 네 가지에 답해보자.

1. 나는 감정과 논리 중 무엇의 지배를 받는가? 그 답이 어떻든 나의 그런 면모가 목표를 달성하는 데 도움이 되는가, 아니면 지장을 주는가?
2. 나는 적극적인 사람인가 수동적인 사람인가?
3. 내 감성지수[EQ]는 얼마나 높은가?
4. 나는 직접적인 소통을 선호하는가, 또는 남들과 직접 대면하기를 꺼리는가?

# 23

## 상황적 사고의
## 위력

데이비드 루벤스타인

---

"당신이 골드만삭스와 이직을 논의하는 중이라고 들었습니다."

밤 10시. 나는 침대에 편안히 누워 드라마 〈홈랜드〉를 보고 있었다. 그때 칼라일의 상사 데이브 마칙이 전화를 걸어왔다. 가슴이 철렁했다.

그때는 글로벌 금융 위기가 발생한 지 몇 년 되지 않은 2011년이었다. 그렇다고 내가 구직 활동에 적극적으로 나섰던 것은 아니었다. 친구 한 명이 내게 전화를 걸어 월스트리트의 최고 투자은행 골드만삭스가 나를 채용해서 대외적으로 이미지가 추락한 회사의 홍보 부서를 새로 이끌게 하는 데 관심이 있다고 말했을 뿐이다. 나는 뉴욕으로 날아가서 그 친구와 함께 골드만삭스의 임원한 사람을 만났다.

내가 뉴욕에서 그 사람을 만났다는 소식은 이틀 만에 직속 상사인 데이브의 귀에 들어갔다. 데이브는 내가 회사를 떠나지 않기를 바란다고 말했다. 그리고 자신의 상사 데이비드 루벤스타인에게 보고할 예정이라고 말하고는 전화를 끊었다.

그런 전화를 받고 나니 잠을 잘 수가 없었다.

다음날 오전 8시 45분, 내 사무실의 전화기가 울렸다. "데이비드 루벤스타인입니다." 그는 특유의 말투로 인사말을 했다. 바야흐로 내 운명이 결정되는 순간이었다.

"당신이 골드만삭스와 이직 문제를 협의한 이유는 이런 것들 때문이겠죠." 그가 아무런 감정도 드러내지 않고 서두르는 기색도 없이 말했다. 그리고 세계 최고의 은행에서 일할 기회를 찾는 사람이 당연히 고려할 만한 다섯 가지 이유를 거침없이 이야기했다. 돈, 명예, 도전, 기회, 네트워크.

"예, 바로 그런 이유입니다." 나는 대답한 뒤에 내 쪽에서 적극적으로 일자리를 찾고 있던 것은 아니라고 덧붙였다.

하지만 데이비드는 그 대목에는 전혀 관심을 보이지 않았다. "우리는 당신이 회사를 떠나지 않았으면 합니다. 이곳에서 계속 일하려면 뭐가 필요한가요?"

내가 입을 떼기도 전에 그는 칼라일이 나를 지키기 위해 제공할 수 있는 세 가지 혜택을 빠르게 이야기했다. 나를 파트너로 승진시키고, 보너스를 올려주고, 내 보좌역을 맡아줄 직원을 채용하면 어떻겠냐는 것이었다.

"훌륭한 제안이라고 생각합니다." 내가 말했다.

"그럼 15분 뒤에 다시 통화합시다." 그가 전화를 끊었다.

데이비드는 칼라일의 다른 공동 설립자들과 전화로 대화를 나눈 뒤에 내게 다시 전화를 걸었다. 그는 관계자들과 이야기가 끝났으니 아까 자신이 제안한 안을 수락하느냐고 물었다(물론 나는 수락한다고 대답했다). 그리고 골드만삭스와 이직 협의를 멈추고 그들에게 작별 인사를 하라고 말했다. 그는 잠시도 머뭇거리는 기색 없이 자신의 할 일 목록에서 다음 항목으로 넘어갔다. 내게는 삶의 큰 전기가 되는 환상적인 경험이었다.

그가 처음 전화를 걸었을 때, 나는 누구나 그렇듯이 상대방에게 이런 반응이 나올까 두려웠다. "당신이 내게 어떻게 이럴 수 있나? 당신은 배신자야. 앞으로 당신을 어떻게 믿을 수 있겠어? 당신은 내게 죽은 사람이나 다름없어. 짐을 싸 들고 당장 나가!"

데이비드는 그렇게 행동하지 않았다. 대신 선명한 논리, 확고한 이해관계, 분명한 자기 이익 등을 고려해서 상황에 대처했다. 그는 감정을 배제하고 나와 평범한 거래를 하듯 대화를 나누었다. 그는 내가 퇴사하기를 원치 않았으므로 나를 지키는 데 필요한 조치에 돌입했다. 눈앞의 문제를 효과적으로 해결하기 위한 신속하고 결단력 있는 행동이었다. 쓸데없는 감정의 수렁에 빠져 일을 그르칠 필요는 없었다. 그는 문제를 순식간에 해결한 뒤에 곧바로 다음 문제로 넘어갔다.

> **그는 선명한 논리, 확고한 이해관계,
> 분명한 자기 이익 등을 고려해서 상황에 대처했다.**

그 뒤로 나는 칼라일에서 글로벌 커뮤니케이션 이사로 7년을 더 근무했다. 골드만삭스와 잠시 있었던 해프닝은 우리의 관계에 아무런 영향을 미치지 않았다. 사실 데이비드는 그 일을 꼭 한 번 입에 올린 적이 있다. 언젠가 골드만삭스가 어려운 상황에 놓였다는 기사가 나오자 내게 이렇게 말한 것이다.

"칼라일에서 계속 일하게 되어 기쁠 겁니다." 아닌 게 아니라 나는 기뻤다. 이 회사에 계속 눌러앉아서 기쁜 게 아니라 내 가치를 인정받아 기뻤다.

이 경험은 내 삶을 송두리째 바꿔놓았다. 요즘의 나는 젊었을 때와 비교해서 어떤 일이 벌어져도 감정을 내려놓는 데 훨씬 익숙해진 편이다. 내가 상황적 접근방식을 통해 문제를 해결하고 좀 더 생산적인 결과를 얻어낸 사례는 수백 가지가 넘는다. 개중에는 언뜻 보기에 사소해도 생명과 직결되는 일도 적지 않다.

자동차를 운전하다 보면 위험하게 앞으로 끼어들거나, 꽁무니에 바짝 붙거나, 성미를 돋우는 운전자들과 마주치기 마련이다. 하지만 나는 그런 일에 일일이 반응하지 않는다. 예전이었다면 비슷한 방식으로 그들의 무례함에 응답했을 것이다. 요즘에는 다른 곳에 집중력을 빼앗기는 대신 감정을 일절 배제하고 내가 성취하려는 일에만 초점을 맞춘다. 멍청한 사람들을 무시하는 것은 나 자신을 자유롭게 할 뿐 아니라 스트레스를 줄이는 길이기도 하다.

# 24

## "한 번의 거래가 무산되더라도
## 리바운드된 공을 잡을 준비를 해야 합니다"

빌 콘웨이

---

패배를 좋아하는 사람은 아무도 없다. 특히 사모펀드에서 일하는 A형 성격[type-A]*의 임원이라면 더욱 그럴 것이다. 경쟁에서 이긴다는 말은 돈도 벌고 일자리도 지킨다는 뜻이다. 하지만 모든 전투에서 항상 이기는 사람은 없다. 그래서 '잘 패배하는' 일이 중요하다. 긍정적인 태도는 패배를 승리로 바꿀 가능성을 높인다.

칼라일의 빌 콘웨이는 그런 긍정적 태도를 '골대 지키기'라고 부른다. "슛이 들어가지 않아 점수를 얻는 데 실패해도 실망하거나 패배자처럼 굴지 마세요. 리바운드를 잡을 준비를 해야 합니다. 절

---

\*   참을성이 없고, 성취에 대한 욕망이 크고, 완벽주의적인 성격

망할 필요가 없습니다. 앞으로 어떤 일이 일어날지는 아무도 모릅니다." 쉽게 말해 긍정적인 마음가짐으로 항상 준비 태세를 갖추라는 뜻이다.

언젠가 칼라일은 기업 가치가 수십억 달러에 이르는 어느 회사를 인수하기 위해 경쟁자들과 아슬아슬한 접전을 벌인 적이 있다. 사모펀드의 세계에서는 치열한 기업 인수 경쟁이 흔하게 벌어진다. 칼라일의 투자 전문가들은 수개월에 걸친 집중적인 기업 실사 끝에 다음과 같은 세 가지 질문에 맞춰 투자의 방향을 정했다.

첫째, 이 회사는 자신들이 주장한 모든 것을 실제로 갖추고 있는가? 둘째, 칼라일은 이 회사를 인수한 뒤에 그동안의 기술과 경험을 살려 기업 가치를 더 높일 수 있는가? 셋째, 이 회사의 인수 가격은 향후 3년에서 5년에 걸쳐 투자자들에게 높은 수익률을 돌려줄 수 있을 만큼 합리적인가?

칼라일은 공격적인 입찰가를 제시하고 자신들이 그 회사의 새로운 주인이 되어야 할 이유를 설득력 있게 제시했으나 결국 인수 경쟁에서 2위를 하는 데 그쳤다. 슈퍼볼과 마찬가지로 경쟁 입찰의 우승자는 하나의 팀만 있을 뿐이다. 공동 우승이라는 건 없다. 승리한 회사는 더 높은 입찰가를 제시함으로써 게임에서 이겼고, 판매자는 그들과 협상을 마쳤다. 칼라일은 빈손으로 싸움터를 떠나야 했다. 가장 직급이 낮은 직원부터 최고 투자 책임자인 빌 콘웨이까지 팀 전체가 깊은 실망감에 휩싸였다.

하지만 빌은 모범적인 투자자였다. 그는 인수에 실패한 회사를 향해 품위 있는 태도로 이렇게 말했다. "우리는 크게 실망했지만 당신들을 이해합니다. 어려운 결정이었을 테니까요. X 회사는 훌륭한 경쟁자였고, 이번에는 그들이 이겼습니다. 우리 회사를 투자자로 고려해주셔서 감사합니다."

그로부터 몇 달 뒤, 운명의 전화가 걸려왔다. 그 회사의 경영자는 인수 경쟁에서 이긴 투자자가 반독점 문제에 걸려 정부로부터 승인을 받지 못하게 됐다고 말했다. 그러면서 칼라일이 자기 회사를 인수하는 데 여전히 관심이 있는지 물었다. 물론 칼라일은 여전히 관심이 있었다. 게다가 이제는 전보다 더 우월한 위치에서 협상을 진행할 수 있게 됐다. 빌과 담당 투자팀은 원래 생각했던 것보다 훨씬 유리한 조건으로 거래를 마무리했다.

빌은 이렇게 말했다. "한 번의 거래가 무산되더라도 리바운드된 공을 잡을 준비를 해야 합니다. 고개를 숙이면 공을 잡지 못합니다."

만일 칼라일이 거래에서 실패한 뒤에 발을 동동 구르고, 악담을 늘어놓고, 상대를 향해 저주를 퍼부었다면 어떤 일이 생겼을지 상상해보라. 그들은 그런 행동을 택하는 대신 골대에 바짝 붙어 확률은 낮아도 꼭 불가능하지만은 않은 리바운드를 기다렸다. 그것이 장기적인 게임에 참가한 사람이 갖춰야 할 마음가짐이다.

▶ 슛이 들어가지 않아 점수를 얻는 데 실패해도
실망하거나 패배자처럼 굴지 마세요.
리바운드를 잡을 준비를 해야 합니다.
절망할 필요가 없습니다.
앞으로 어떤 일이 일어날지는 아무도 모릅니다. ◀

빌은 또 이렇게 말했다. "다음 거래를 위해서라도 골대를 잘 지켜야 합니다. 사람들을 올바른 태도로 대하면 또 다른 거래의 기회가 찾아올 수 있습니다."

내가 멘토링을 담당하는 학생들에게 이 교훈을 이야기하면 그들은 종종 이렇게 묻는다. "그렇게 똑똑하고 성공적인 사람들도 원하는 것을 얻지 못하면 화를 내고 어린애처럼 행동하나요?"

나는 그런 질문이 나올 때마다 웃음을 터뜨린다. 앞서 말한 대로 부자들에게도 감정이 있다!

고등학교 농구선수든 억만장자 투자자든 골대에 바짝 붙어 다음 기회를 노리는 일은 삶에서 성공하는 데 매우 중요하다. 골대를 지키려면 먼저 몸을 준비해야 한다. 무릎을 살짝 굽히고, 양손을 아래로 내리고, 눈을 크게 뜨고, 근육을 긴장시키고, 농구공이나 좋은 거래가 눈앞에 나타날 때 곧바로 낚아챌 태세를 갖추라. 또 골대 지키기는 마음의 준비를 뜻하기도 한다. 끝까지 희망의 끈을 놓지 말고, 내가 원하는 것을 꼭 얻을 수는 없어도 기회를 기다리고 끝까지 싸우겠다고 다짐하라.

아마도 골대 지키기의 핵심은 삶이 공평하지 않음을 받아들이고, 실패 앞에서 좌절하는 일이 시간 낭비에 불과함을 인식하는 마음가짐일 것이다. 크든 작든 기회를 만들고, 포착하고, 활용할 준비를 하기 위해서는 긍정적인 정신 자세가 중요하다. 내 경우에는 '골대 지키기' 전략을 통해 생각지도 못한 이득을 얻는 순간을 매주 한차례꼴로 경험한다.

### 사례 1 (중요도 낮음)

하루는 점심 식사를 위해 사람들이 줄 서서 기다리는 유명 레스토랑에 도착했다. 미리 자리를 예약했으나 어찌 된 일인지 내 이름이 예약 시스템에 나타나지 않았다. 나는 실망한 표정을 지으며 한쪽으로 물러나 동행자들과 다음 선택지를 상의했다. 우리가 막 식당을 떠나려는데 식당 주인이 다가와 마침 예약이 취소된 자리가 있다고 말했다. 우리는 몇 분 뒤 테이블에 앉을 수 있었다. 만일 내가 소란을 떨고 얼간이처럼 행동했다면 테이블을 얻지 못했을 것이다.

### 사례 2 (중요도 중간)

어느 날 기자 한 사람이 내게 불쾌한 내용이 담긴 메시지를 보냈다. 데이비드 루벤스타인을 인터뷰하고 싶다는 요청을 내가 거절한 데 대한 답장이었다. 그는 골대에 바짝 붙어 데이비드의 시간이 날 때를 기다리기보다는 골대를 아예 무너뜨리는 길을 택했다. 우리가 그의 인터뷰 요청을 거절한 이유는 데이비드가 자신과 이야기하기를 두려워하기 때문이라고 불만을 터뜨린 것이다.

나는 이렇게 생각했다. "이 친구는 데이비드를 '영원히' 만나지 못하겠군."

### 사례 3 (중요도 높음)

어느 날 세계에서 가장 유명한 경제 전문 기자 한 사람이 전화를 걸어 고래고래 소리를 지르며 내 고객과 관련된 불만을 터뜨렸다. 내 생각에 그 기자의 말은 2퍼센트만 타당하고 98퍼센트는 합리적이지 못했다. 나는 그 기자가 얼마나 잘못된 말을 늘어놓고 있는지 알려주고 싶었지만, 꾹 참고 그의 말을 들어주면서(전화기를 귀에서 몇 센티미터 정도 떼어놓아 고막은 무사했다) 오직 미래의 비즈니스만을 생각했다. 얼마 뒤 그의 화가 풀리면서 우리는 좋은 관계로 되돌아왔다.

▶ **다음 거래를 위해서라도 골대를 잘 지켜야 합니다.
사람들을 올바른 태도로 대하면
또 다른 거래의 기회가 찾아올 수 있습니다.** ◀

# 25

## "애리조나의 해안가에
## 좋은 부동산이 하나 있습니다"

아서 래빗

---

"인터넷에 담긴 정보는 목욕탕 벽에 그려진 낙서와도 같다."

아서 래빗이 1997년 이렇게 경고했을 때, 사람들은 그가 신기술의 보급에 반대하는 66세의 한물간 노인이라고 생각했다. 하지만 그건 큰 실수였다.

아서는 신기술의 얼리어답터다. 그는 팜 파일럿* 이나 아이맥 컴퓨터가 나왔을 때도 이를 누구보다 먼저 사용했다. 또 이베이에서 물건을 거래했고, 아이폰을 사용했으며, 테슬라 자동차를 몰고 다녔다. 그는 70년 넘게 뭔가를 판매하는 일(잡지, 신문, 주식과 채권, 심

---

\*    PDA라고 불린 초기 형태의 휴대용 컴퓨터

지어 소까지 팔았다)에 종사하면서 사람들이 사기詐欺 같은 범죄 행각에 얼마나 취약한지 알게 됐다.

그는 미국 증권거래위원회SEC 의장으로 일할 때 이런 말을 입에 달고 살았다. "만일 뭔가가 너무 좋아 의심스러운 마음이 든다면 십중팔구 그 느낌이 옳다." 그는 자신의 말을 행동으로 옮겼다. 1998년 아서는 인터넷 범죄 단속국을 창설해서 SEC 소속의 변호사 존 리드 스타크에게 운영을 맡겼으며, 이 조직을 통해 온라인 증권 범죄를 방지하고 시민들을 보호하는 조치를 단행했다.

아서가 SEC 의장으로 재임하던 시절 온라인 사기 범죄는 매년 걷잡을 수 없이 늘어났다. 내가 SEC에서 근무할 때 가장 기억에 남는 사기 사건의 범인은 고등학교 학생이었다. 그 아이는 펌프 앤 덤프* 수법으로 자기가 사들인 주식의 가격을 부풀린 뒤에 사람들이 너도나도 주식을 매입하는 시점에 몽땅 팔아치웠다. 놀랍게도 소년의 부모는 아이의 불법적인 행위를 자랑스럽게 여겼다.

인터넷의 가장 큰 장점은 수많은 정보와 기회의 세계에 즉각적으로 접속할 수 있다는 것이다. 반면 인터넷의 대표적인 위험성이라면 과도한 즉시성, 신용카드나 은행 계좌에 대한 손쉬운 접근, 조직, 사람, 아이디어, 기회 등을 실제와 달리 화려하게 포장할 수 있는 기능 등을 꼽을 수 있다.

---

\* 주식을 헐값에 매입한 뒤 근거 없는 소문을 퍼뜨려 가격을 올리고 처분하는 행위

아서는 탄광의 카나리아* 역할을 자처하며, 향후 인터넷의 부상에 따라 순진한 시민들을 대상으로 하는 사기 사건이 판을 칠 거라고 경고했다. 그의 예언이 얼마나 정확했는지 놀라지 않을 수 없다. 미국 연방 수사국[FBI]에 따르면 사이버 범죄 희생자들의 피해 금액은 2016년의 15억 달러에서 2021년에는 42억 달러로 급증했고, 이 순간에도 계속 늘어나고 있다. 이런 시대적 흐름에 대처하는 길은 오직 정확한 정보를 바탕으로 현명한 회의주의자가 되는 것밖에는 없다.

아서는 내게 효과적인 회의주의자가 되는 법을 구체적으로 알려주었다. 온라인 사기 범죄의 실태나 이를 피하는 법에 대한 아서의 경고를 들은 뒤에는 세상에 어떤 종류의 사기꾼들이 존재하고 그런 사람들이 주위에 얼마나 득실대는지 알게 됐다. 덕분에 내가 생각하는 방식도 바뀌었다. 나는 아서의 조언으로 인해 나 자신의 욕심, 무지, 취약점 등을 돌아보게 됐고, 남들의 요구나 부탁을 신중히 저울질하게 됐으며, 애매한 상황에서도 분명한 질문을 던질 수 있게 됐다.

칼라일에서 오랜 시간을 근무하는 동안 수상쩍은 상황이나 사람을 수없이 만났다. 어떤 사람들은 첫눈에 보기에도 뭔가 이상하다는 생각이 들었지만, 개중에는 겉으로는 멀쩡해 보이면서 실제

---

\*     19세기 탄광에서 일하던 광부들이 카나리아를 유독가스를 탐지하는 경보기로 사용한 일을 뜻한다.

로는 그렇지 않은 사람도 있었다. 유명한 조직이나 개인, 특히 억만장자들 옆에는 온갖 종류의 사람들이 꼬이기 마련이다. 나는 그런 사람들에게 몇 가지 질문을 던져서 그들의 속셈을 밝혀내고 나쁜 일이 생기는 일을 방지하는 법을 배웠다.

그동안 수많은 스토커나 사기꾼, 불순한 의도로 회사 주위를 어슬렁거리는 사람들을 만나봤지만, 그중에서도 어떤 여성 한 명이 특히 기억에 남는다. 그 여성은 내게 전화를 걸어 자신이 최근에 쓴 책과 자금 조달에 관한 아이디어를 데이비드 루벤스타인에게 전달하고 싶으니 다리를 놓아달라고 부탁했다. 처음에는 그녀의 말이 믿을 만하게 들렸으나 느슨하게 늘어진 끈을 조금씩 당겨보니 속셈이 분명히 들여다보였다. 더구나 그녀가 자신의 '친구'(워런 버핏, 모나코의 공주, 교황 등)들을 언급하는 대목에서는 이게 무슨 상황인지 감이 잡혔다. 결국 그녀는 데이비드의 근처에도 가지 못했다. 그녀는 몇 년 동안 내게 전화를 걸었고 그때마다 새로운 이야기를 늘어놓았다. 내가 그 뒤로도 계속 전화를 받아준 이유는 그 여자의 말이 재미있기도 했지만, 그보다는 내 머릿속의 '헛소리 감지기'를 최적의 상태로 조율해두기 위해서였다.

▶ **남들에게 속아 넘어가지 않으려면 남들의 요구나 부탁을 신중히 저울질하고 애매한 상황에서도 분명한 질문을 던져야 한다.** ◀

상대방에게 올바른 질문을 던지기 위해서는 상황을 정확히 인식하는 능력과 적절한 연습이 필요하다. 그 점에서는 나도 예전보다 훨씬 나아졌지만, 지금도 항상 정신을 바짝 차리고 상대방의 말이 정말 믿을 만한지. 혹시 새로운 형태의 사기가 아닌지 탐지하기 위해 노력한다.

두 명의 지인이 너무나 환상적인 사업 기회를 제안하는 CEO들을 만났다고 했다. 한 사람은 엘리자베스 홈즈가 설립한 테라노스(혈액으로 질병을 진단하는 회사)에 투자를 고민했고, 다른 한 사람은 샘 뱅크맨-프리드가 세운 FTX(가상 화폐 거래소)에 자금을 지원할 생각을 했다. 그러나 다행히도 기본적이면서도 꼭 필요한 질문을 던져 그들에게 헛돈을 헌납하는 일을 피할 수 있었다.

다음과 같은 간단한 질문 하나면 그런 사람들의 실체를 금세 파악할 수 있다. "당신 회사의 이사회에는 어떤 사람들이 참여하고 있나요?" 테라노스의 이사회에는 의료 전문가가 아니라 전직 정치가들만 모여있었다. FTX의 이사회에는 온통 뱅크맨-프리드의 가족과 친구들뿐이었다.

홈즈는 결국 사기죄로 기소되어 감옥에 갈 예정이고, 뱅크맨-프리드 역시 사기죄로 100년도 넘는 징역형을 판결받을 위기에 처했다.

이제 나는 칵테일파티에 참석했을 때나, 〈뉴욕타임스〉를 읽을 때나, 우리 아이들이 점수가 신통치 않은 성적표를 들고 와서 그 이유를 구구절절 설명할 때나 상대의 말을 액면 그대로 받아들이지 않기 위해 주의한다.

회의주의적인 태도를 품는 일은 꼭 필요하지만, 그렇다고 냉소주의자가 되어서는 안 된다. '신뢰하되 검증하는' 삶의 방식과 함께 상대방의 신뢰도를 정밀하게 측정할 수 있는 장치를 잘 준비해두면 어떤 사람과 마주쳐도 열린 마음으로 대화를 나눌 수 있다.

누군가 내게 '사실이라고 믿기에는 너무나 환상적인' 제안을 던지고 싶은 사람이 있다면, 그는 "애리조나의 해안가에 좋은 부동산이 하나 있는데 당신에게 팔고 싶습니다."라고 말하기 전에 곧 짐을 싸게 될 것이다.*

---

\* 애리조나에는 바다가 없다.

# 26

## '듣고 싶은' 이야기가 아니라 '들어야 할' 이야기

댄 애커슨

"더 적게 말하고, 더 많이 웃어라. 당신이 어느 쪽을 찬성하고 어느 쪽을 반대하는지를 남들이 모르게 하라." 뮤지컬 〈해밀턴〉*에서 애런 버가 알렉산더 해밀턴에게 들려주는 조언이다.

만일 애런 버가 댄 애커슨Daniel F. Akerson에게 이렇게 조언했다면, 댄은 그의 엉덩이를 걷어차고 당장 쫓아냈을 것이다. 이스라엘에 가면 겉면은 딱딱한 껍질과 날카로운 가시로 덮여 있고 속살은 부드러운 사브라라는 과일을 볼 수 있다. 댄이 바로 그런 사람이다. 워싱턴 DC에서 오래 살다 보면 말을 장황하게 늘어놓는 사람을 수

---

* 미국의 초대 재무장관 알렉산더 해밀턴의 삶을 그린 뮤지컬. 알렉산더 해밀턴은 3대 부통령 애런 버와의 결투에서 사망한다.

없이 만나게 된다. 하지만 그 사람이 누구의 편인지, 무엇을 생각하는지, 숨겨진 속셈이 무엇인지, 그를 믿을 수 있는지를 판단하기는 어렵다. 하지만 댄은 그렇지 않다. 그는 직설적인 소통의 표본 같은 인물이다. 그가 주제를 빙빙 돌려 말하거나, 상대를 어르고 달래거나, 완곡한 표현을 사용하는 법은 절대 없다. 좋은 소식이든 나쁜 소식이든 그는 곧장 본론으로 들어간다.

댄은 칼라일에서 수석 임원으로 근무하다 제너럴 모터스의 CEO로 발탁되어 회사를 파산의 수렁에서 건져냈으며, 그 뒤 제너럴 모터스를 퇴사하면서 다시 칼라일로 돌아왔다. 나는 댄이 칼라일에서 일할 때 그와 마주 앉아 얘기하기를 좋아했다. 우리는 내 사무실에서든 그의 사무실에서든 경력, 신앙, 회사, 관리의 기술, 리더십 같은 주제에 대해 한 번에 30~40분씩 대화를 나누었고, 암과 치열한 싸움을 벌이고 있는 그의 아내에 대해서도 이야기했다.

그동안 댄과 나눈 대화, 그가 칼라일에서 활동하는 모습, GM을 이끌고 세계 무대에서 활약하는 광경을 지켜보며 선명하고 설득력 있는 언어를 통해 표현되는 확신의 힘을 더욱 잘 이해하게 됐다.

예전에 칼라일이 노조 문제로 어려움을 겪게 되자 회사는 노조와 협상에 나설 대표로 댄을 선임했다. 회사의 설립자들이 복잡한 비즈니스 문제로 씨름할 때, 확고한 논리로 무장한 댄은 팔을 걷어붙이고 아무도 주목하지 않는 곳에서 회사에 꼭 필요한 일을 성공적으로 해냈다.

2016년 도널드 트럼프가 미국 대통령 선거에 출마했을 때도 댄은 경제계의 리더로서 트럼프를 공개적으로 반대하고 힐러리 클린턴을 지지한다고 선언한 소수의 공화당원 중 한 명으로 이름을 올렸다. 댄의 소중한 아내 카린이 암 판정을 받은 뒤에 그는 자신이 느끼는 희망과 두려움을 주위 사람들과 솔직히 공유하며 감정적인 혼란의 상태를 견뎌 나갔다.

댄과 함께 시간을 보내거나 그가 활동하는 모습을 지켜보면 마치 사람들에게 솔직함을 가르치는 집중 강좌에라도 참석한 듯한 느낌이 들 정도다. 비록 그런 고도의 솔직함이 모두의 취향에 맞는 것은 아니었지만, 나는 그의 그런 점이 마음에 깊이 와닿았고 삶에도 큰 영향을 미쳤다. 아마도 너무 큰 영향이 아니었나 싶기도 하다. 예전에 나는 '극단적 솔직함'이라는 용어를 삶의 좌우명으로 선택한 적이 있다. 내 아내는 때로 조금 덜 극단적인 편이 바람직할뿐더러 훨씬 생산적인 방법이라고 나를 말리기도 했다.

▶ **솔직함이란 사람들이 '듣고 싶은' 이야기가 아니라 '들어야 할' 이야기를 명확한 어조로 전달하는 것이다.** ◀

하루는 댄이 칼라일의 임원 한 사람을 사무실로 불러 이렇게 말했다. "당신이 형편없이 하고 있는 일을 여기에 전부 적었습니다." 그 임원은 거의 울음을 터뜨릴 지경이었다. 댄은 이어서 말했다. "하지만 당신은 재능이 있으니 부족한 점을 채울 수 있도록 도와드리죠." 몇 달 뒤, 그 사람은 칼라일의 이사회 일원으로 승진했고 최고 운영 위원회에도 참석하게 됐다. 댄의 멘토링에 힘입어 자신의 역량을 개선하고 학습할 기회를 얻은 덕분이었다. 그 임원은 내게 이렇게 털어놓았다. "그날의 회의는 내 인생에서 가장 힘든 순간 중 하나였습니다."

홍보 전문가로 일하다 보면 사람들에게 크고 작은 사업적·개인적 문제를 처리하는 법을 조언할 때가 많다. 지금까지 입증된 가장 효과적인 접근방식은 그들이 '듣고 싶은' 이야기가 아니라 '들어야 할' 이야기를 명확한 어조로 전달하는 것이다.

내가 댄을 만난 뒤에 개발한 도발적인 문구 하나는 이렇다. "아무도 당신을 모르고 아무도 당신에게 관심이 없다. 그것이 바로 당신이 홍보 전문가를 고용해야 하는 이유다." 나는 회사의 인지도가 낮다고 고민하는 중소기업의 CEO들에게 종종 이 말을 들려준다. 놀랍게도 여기에 부정적으로 반응하는 사람은 한 명도 만나지 못했다. 그들은 대부분 웃음을 터뜨리며 내 말에 동의한다.

물론 내 아내의 말도 일리가 있다. 아마도 우리가 있어야 할 가장 적당한곳은 전혀 속마음을 드러내지 않는 아리송한 태도와 잔인할 정도로 솔직한 태도 사이의 어디쯤일지도 모른다. 그러나 눈앞에 미묘한 상황이 닥쳤을 때는 어느 쪽을 선택할지 현명하게 판단하는 일이 대단히 중요하다. 사람들이 완곡하고 애매한 어투로 소통하는 모습을 수없이 지켜본 나로서는 차라리 댄 애커슨의 극단적인 접근방식에 한 표를 던지고 싶다. 그 방식이 참신할 뿐 아니라, 사실관계를 정확히 인지하고 남들이 나를 어떻게 생각하는지 제대로 파악하는 일은 언제나 바람직하기 때문이다.

# 27

## 암트랙 목장의
## 결투

아서 래빗

---

워싱턴 DC의 유니언 역을 출발해 뉴욕시의 펜실베이니아 역으로 향하는 전미여객철도공사 암트랙 열차의 복도는 '대중의 인식'과 '실제'에 관한 실존적 토론이 벌어지기에 그다지 적합한 장소라고는 할 수 없었다. 하지만 강력한 영향력을 지닌 반백의 두 신사가 얼굴을 맞대고 대결하는 장면은 내 눈을 매료시켰으며, 토론의 깊이와 대화의 건설적인 내용은 내 귀를 경외감에 빠뜨렸다.

링 위에 올라온 파란색 트렁크의 선수는 미국 증권거래위원회SEC 의장 아서 래빗이었고, 빨간색 트렁크의 선수는 〈뉴욕타임스〉의 칼럼니스트 윌리엄 새파이어였다. 두 사람은 거대한 황소처럼 서로의 주위를 빙빙 돌며 상대방에게 회심의 일격을 날릴 기회를 노렸고 한편으로 상대의 공격을 방어하려고 애썼다.

래빗은 원칙적이면서도 실용적인 정책 입안자로서 주식시장을 관리하고 투자자들을 보호하는 임무를 맡고 있었다. 반면 〈뉴욕타임스〉에 '언어에 관하여'라는 칼럼을 주기적으로 기고하던 새파이어는 시대적 언어를 통해 문제를 짚어내는 예리한 관찰자이자 비평가였다. 두 사람은 꼭 친구라고 부를 수는 없었지만 몇 년 동안 얼굴을 익히며 친밀한 관계를 유지하고 있었다.

토론의 주제는 회계 감사 기업들이 자사 고객들에게 컨설팅 서비스를 제공하는 일이 과연 적절한지를 두고 SEC와 다섯 개의 대형 회계 기업들 사이에 벌어진 공개적인 논란이었다. 미국의 증권시장이 세계에서 가장 규모가 크고 가장 유동성이 강한 시장으로 원활하게 가동되는 이유 중 하나는 높은 수준의 신뢰성 덕분이다. 그리고 신뢰성의 핵심은 기업들이 발표하는 숫자의 정직성에 있다. 그 숫자가 정직하다는 사실을 누가 보증하는가? 바로 회계 감사 기업들이다. 따라서 회계 감사 기업들이 왼손으로 고객에게 컨설팅 서비스를 제공하고, 오른손으로 그 고객의 장부를 감사監査한다면, 사람들은 그 대목에서 이해관계가 충돌한다고(실제로는 그렇지 않더라도) 생각할 것이다.

아서가 회계 감사 기업들을 향해 컨설팅 서비스 부서를 분사해서 독립적인 회사로 만들라고 요구할 기미를 보이자, 비판자들은 회계 감사 기업들이 고객에게 유리한 방향으로 감사 업무를 수행한다는 증거가 부족하다고 주장했다. 아서는 어느 회사의 사례를 들어 하나의 회계 기업이 감사 업무와 컨설팅 업무를 동시에 수행했을 때 얼마나 큰 문제가 발생할 수 있는지 지적했으나, 그보다는 회계 기업의 이해관계가 그런 식으로 충돌할지 모른다는 대중의 '인식'이 시장에 더 부정적인 영향을 미친다는 점을 강조했다. 아서에 따르면 신뢰는 2진법이다. 사람들이 뭔가를 믿느냐 믿지 않느냐 둘 중 하나다. 시장이 제대로 가동되기 위해서는 회계 감사 기업들이 시장 참가들로부터 절대적인 신뢰를 얻어야 한다.

두 사람은 암트랙 열차에서 대화를 주고받으며 여행을 계속했다. 새파이어는 실제(명확히 입증됐고 수치로 측정된 것)에 초점을 맞춰 얘기했다. 아서는 대중의 인식(사실이든 아니든 사람들이 믿는 것)이 더 중요하다고 주장했다. 스피커에서는 시간마다 안내방송이 흘러나오고 기차는 계속 흔들거렸지만, 그들의 논쟁은 끝이 없었다. 두 사람 모두 옳았다.

> ▶ **실제에 부합하는 인식을 제공하는 최고의 방법은 전후 맥락에 따라 정확한 사실관계를 전달하고 이를 바탕으로 사람들이 스스로 판단을 내리게 하는 것이다.** ◀

나는 래빗과 새파이어 사이에 벌어진 '암트랙 목장의 결투'를 지켜본 뒤에 인식과 실제 사이의 딜레마에 대한 새로운 시야를 갖게 됐다. 이상적인 세계에서는 대중의 인식과 실제 사이에 아무런 차이가 없다. 양자가 완벽히 일치한다면 전쟁, 법적 소송, 이혼 등은 모두 사라질 것이다. 하지만 안타깝게도 둘 사이에 가로놓인 깊은 골짜기는 인간 세상의 고질적인 병폐 중 하나다.

나는 그 실존적 토론을 통해 내 직업에 대해서도 이해의 폭을 한층 넓힐 수 있었다. 내 직무는 사람들에게 특정한 인식을 심어주는 일이다. 하지만 그 일을 가장 정직하게 수행하는 방법은 실제와 최대한 부합하는 인식을 대중에게 제공하는 것이며, 결코 인식을 조작하는 게 아니다.

그리고 실제에 부합하는 인식을 제공하는 최고의 방법은 전후 맥락에 따라 정확한 사실관계를 전달하고 이를 바탕으로 사람들이 스스로 판단을 내리게 하는 것이다. 요즘 같은 탈진실의 세계 post-truth world*에서는 한가한 말처럼 들릴지 모르지만, 나는 사고방식이 구식이라 원론적인 접근방식일수록 최선이라고 생각한다. 내가 다음과 같은 문구를 만들어낸 것은 두 사람 사이의 대화를 목격한 즈음의 일이었다. "사람들을 어른처럼 대하고 그들이 어른처럼 행동하기를 기대하라." 나는 래빗과 새파이어도 이 말을 현실적인 조언으로 받아들일 거라고 믿는다.

---

\* 객관적 사실보다 감정이나 개인적 신념이 여론 형성에 더 큰 영향을 미치는 세계

여섯,
실용적인 겸손함이 필요할 때

돈이 많고 권력이 강한 사람들은 대체로 더 수월하고 평탄한 삶을 살아간다. 돈이 많을수록 겸손해지기가 어렵다. 상위 0.01퍼센트에 속한 부자들은 귀한 사람으로 대접받는 데 익숙하다. 아첨꾼, 열렬한 팬, 추종자 같은 사람들은 끝없이 주위를 맴돈다. 그런 상황에서 굳이 겸손해지기 위해 애쓸 필요가 있을까? 상사에게 존경의 눈길로 찬사를 보내고 비위를 맞추려고 애쓰는 '예스맨'들은 어디에나 넘쳐난다.

　내가 브로드웨이 뮤지컬의 열정적인 팬으로서 가장 좋아하는 작품은 〈지붕 위의 바이올린〉이다. 이 뮤지컬에 등장하는 노래 '내가 만일 부자라면'은 그런 사회적 현상을 잘 요약해준다. 사람들은 부자들이 한 말과 생각을 모두 옳다고 받아들인다. 오로지 그들이 돈이 많다는 이유에서다.

　그런 착각에 찬물을 끼얹고 싶지는 않지만, 부자들이라고 꼭 현명한 것은 아니다. 부자라는 말은 그저 돈이 많다는 뜻일 뿐이다. 그 돈은 스스로 벌었을 수도 있고 상속을 받았을 수도 있다. 그 사람은 천재일 수도 있고 속 빈 강정일 수도 있다.

　나는 부와 권력이 교차하는 곳(뉴욕과 워싱턴 DC)에서 30여 년을 보내는 동안 수많은 거물을 만났다. 개중에는 견딜 수 없을 만큼 성격이 나쁜 사람들도 있었고 무난한 사람들도 있었다. 다행스러운 점은 돈이 많고 권력이 강한 사람일수록 소탈하고 겸손한 모습을 보였다는 것이다. 그들은 자신의 능력을 더 입증할 필요가 없다는 듯이 행동했다.

부자나 권력자들이 겸손하기가 어려울 수는 있어도 전혀 불가능한 것은 아니다. 이 장에서는 데이비드 루벤스타인, 빌 콘웨이, 루 거스너, 존 해리스<sup>John F. Harris</sup>가 부자와 보통 사람을 가릴 것 없이 모두에게 꼭 필요한 교훈을 들려준다. 그중에서도 루가 보여준 겸손함은 특히 흥미롭다. 그는 돈이 얼마나 많은지에 관계없이 권력을 실용적으로 사용하고 비전과 현실을 연결하는 능력이 중요함을 깨우쳐준다.

이 장을 읽을 때 생각해야 하는 질문은 다음 네 가지다.

1. 겸손하다는 말의 의미는 무엇인가?
2. 겸손함의 중요성은 과장되어 있는가?
3. 나는 겸손한 사람인가, 아니면 겸손하기를 원하는 사람인가?
4. 부자들에게서 겸손함을 배우는 일이 가능한가?

# 28

## 손님의 식사 시중을 드는 억만장자

데이비드 루벤스타인

옛 속담에 이런 말이 있다. "개는 왜 자신을 핥는가? 핥는 게 가능하니까."

나는 그 속담을 이렇게 살짝 비틀어 봤다. 부자들은 왜 재수 없이 행동하는가? 재수 없이 행동하는 게 가능하니까.

모든 개는 자신의 몸을 핥지만, 모든 부자가 재수 없이 행동하는 것은 아니다.

내가 처음 타본 자가용 비행기는 가격이 4,000만 달러가 넘는 걸프스트림 기종의 제트기였다. 비행기의 화려한 내부 장식은 어안이 벙벙할 지경이었다. 마치 하늘을 날아다니는 롤스로이스 같았다. 모든 곳이 고급 가죽, 번쩍번쩍하는 크롬, 비단처럼 부드럽고

광택이 눈부신 목재로 장식되어 있었다. 화장실도 너무 깨끗해서 사용하기가 망설여질 정도였다. 완전히 자유로운 비행이었다. 안전벨트를 매라고 강요하는 사람도 없었다. 물론 나는 알아서 벨트를 착용했다.

"연어와 치킨 샐러드가 있는데 어떤 걸 먹을래요?"

승무원의 질문이었을까? 아니다. 저녁 식사로 무엇을 먹겠느냐고 물은 사람은 이 비행기의 주인 데이비드 루벤스타인이었다. 나는 직장 상사가 비행기에서 음식을 차려 주는 일이 조금 어색했으나 배가 고팠던 참에 (그리고 연어를 별로 좋아하지 않아서) 샐러드를 선택했다. 우리는 12킬로미터 상공에서 식사하며 대화를 나누었다. 발아래로 땅이 내려다보였지만, 지구가 아니라 다른 은하계에 있는 기분이었다.

데이비드는 내가 자신의 시중을 들어줘야 마땅하다고 생각했을까? 그랬을 수도 있다. 홍보 분야 종사자들은 서비스에 특화된 사람들이다. 나도 당연히 식사를 준비하려고 했다. 하지만 데이비드는 좀 더 자애롭게 행동하는 길을 택했다. 아마도 그가 그런 소탈한 태도를 보이는 이유는 평범한 집안 출신이었기 때문일 수도 있다. 또는 어렸을 때 교육을 잘 받은 덕분일지도 모른다. 아니면 인생을 살다 보니 곤충을 유인하는 데는 식초보다 꿀이 낫다는 사실을 깨달은 결과일 수도 있다.

그 순간에는 미처 깨닫지 못했지만, 당시 나는 중요한 현상을 하나 관찰하며 큰 교훈을 얻은 셈이다. 데이비드처럼 돈이 많고 권력도 강한 사람이 카메라가 없는 곳에서도 그렇게 자애롭고 품위 있게 행동한다면, 나 역시 평소의 행동을 돌이켜보며 내가 만나는 모든 사람을 존경과 감사의 마음으로 대하는지 반성할 필요가 있는 것이다.

독자 여러분 중에는 이렇게 생각하는 사람이 있을지 모른다. 왜 부의 크기나 지위의 높낮이에 따라 행동의 기준이 달라져야 하는가? 지당한 말이다. 자애로운 행동의 기준은 모든 사람에게 절대적으로 적용되어야 한다. 게다가 부자들이 자애롭고 품위 있게 행동한다고 해서 너무 황송해하거나 놀랄 필요는 없고, 오히려 그들은 가진 게 많으니 그 기준이 더 높아야 한다고 생각할 수도 있다.

성경도 그 논리를 뒷받침한다. 특히 요한 계시록의 구절 하나는 우리를 날카롭게 꾸짖는다. "네가 말하기를 나는 부자라 부요하여 부족한 것이 없다 하나 네 곤고한 것과 가련한 것과 가난한 것과 눈먼 것과 벌거벗은 것을 알지 못하도다."

물론 사람들의 논리나 성경의 말씀과는 상관없이 삶은 그렇게 공평하지 않다. 나는 사회생활을 하는 동안 좋지 않은 행동을 일삼는 상사들을 골백번도 넘게 목격했고 그런 사람들의 이야기를 수없이 전해 들었다. 그들은 걸핏하면 소리를 지르고, 안하무인처럼 행동하고, 물건을 집어던지고, 상대방을 모욕한다. 남을 친절하게 대해야 한다는 규범이 모든 사람에게 기본적인 상식인 것은 아니다. 돈 많고 힘이 센 사람들은 남들에게 대접받는 데 익숙하다, 그러다 보면 '내 방식을 따르든지, 아니면 떠나든지' 같은 일방적인 사고방식에 빠지기 쉽다. 하지만 사람들은 일자리를 지키기 위해 상사의 부당한 대우를 꾹 참고 넘어간다.

내가 사람을 보는 안목이 있어서인지 아니면 우연 때문이었는지는 잘 모르겠지만, 그동안 나와 함께 일한 부자와 권력자들은 대부분 남을 친절하게 대하는 법을 알고 이를 진심으로 실천하는 사람들이었다. 그건 평생을 통틀어 내게 주어진 가장 큰 축복이었다, 몇 년 전, 나는 자신의 배설물에서는 악취가 나지 않는다고 생각하는 사람들을 향해 이런 글을 쓴 적이 있다. "얼간이들을 위해 일하기에는 삶이 너무 짧다." 그래서 나는 더 푸르고 신선한 풀밭을 찾아냈다.

> ▶ **그동안 나와 함께 일한 부자와 권력자들은 대부분 남을 친절하게 대하는 법을 알고 이를 진심으로 실천하는 사람들이었다.** ◀

앞서 말한 대로 나는 데이비드의 자애로운 모습을 목격한 뒤에 나 자신을 돌이켜보기 시작했다. 어느 모로 보나 내 삶은 꽤 행복했다. 순탄했던 어린 시절, 건강한 몸과 좋은 교육, 훌륭한 결혼생활, 남부럽지 않은 경력 등은 내게 주어진 축복이었다. 하지만 나는 그런 행복한 삶을 살았는데도 참을성 없고, 남을 잘 비판하고, 겸손함이 부족한 사람이 돼버렸다. 내가 신 앞에 고백해야 하는 가장 큰 죄악이 바로 그것이라고 생각한다.

나는 삶에서 큰 성공을 이뤄낸 부자들과 권력자들 주위에서 오래 일한 덕분에 나 자신의 삶을 돌이켜보고, 내가 다른 사람들을 어떻게 대하는지 깊이 반성하게 됐다. 그래서 나만의 주문呪文(겸손하고 감사하자)을 하나 개발해서 내가 남을 쉽게 판단한다고 생각될 때나 감사하는 마음이 부족하다고 여겨질 때 이를 반복해서 외우기 시작했다. 요즘에는 집 근처의 야외에서 자전거를 타며 높은 언덕을 힘겹게 오를 때 그 주문을 즐겨 외운다.

나는 개가 아니라서 행동을 스스로 통제할 수 있다. 내가 오래전에 깨달은 사실 하나는 '자아 개선'이 자신을 정확히 인식하고 본인의 행동을 꾸준히 고쳐나가는 일을 의미한다는 것이다. 따라서 성경 구절이든, 주문이든, 12킬로미터 상공의 롤스로이스에서 억만장자에게 샐러드를 대접받는 일이든, 내게 삶의 교훈과 성장의 기회를 안겨주는 것이라면 무엇이든 환영한다.

# 29

## 그 모두가 말은 쉽고, 성취는 어려우며, 겸손함은 부족한 탓이다

루 거스너

"그 모든 일을 해내기가 얼마나 어려운지 알고 하는 말입니까?" 칼라일의 의장 루 거스너는 도저히 이해할 수 없다는 듯이 격앙된 말투로 물었다. 칼라일의 주간 투자 회의에 모인 30명가량의 참석자 중에 루는 가장 나이가 많고, 가장 많은 일을 성취했고, 가장 회의적인 사람이었다.

루가 던진 질문의 밑바탕에는 미래를 향한 지나친 희망이나 기대감을 품는 대신 복잡한 현실을 정확히 인식해야 한다는 '실용적 겸손함'이 깔려 있었다. 회의에 참석한 투자 전문가 한 명이 최근 칼라일이 인수를 목표로 하는 어느 기업을 앞으로 어떻게 개선할 생각인지 이야기했다. 그러자 루는 그 직원에게 날카로운 질문을 던지며 문제를 제기했다. 그들이 회사를 인수한 뒤에 해야 할 일은 끝도 없었다. 조직의 관리적 역량을 강화하고, 매출과 수익을 늘리고, 신제품을 출시하고, 다른 지역으로 비즈니스를 확장하고, 경쟁자들과의 싸움에서도 승리해야 했다.

칼라일에서 중간 관리자로 일하고 있는 그 직원은 20세기 가장 위대한 CEO 중 한 사람인 루 거스너 앞에서 그 회사를 자기 계획대로 변화시키는 일이 가능함을 입증해야 했다. "글쎄요. 하늘이 우리를 돕는다면 경기 침체도 없을 것이고, 신제품은 흠 없이 완벽할 것이며, 세계에는 평화가 찾아올 겁니다. 덕분에 이 계획도 충분히 달성할 수 있겠죠."

루의 회의적인 사고방식은 지난 40년간 더 많이 행동하고 더 적게 말하며 묵묵히 쌓아 올린 현실 세계의 경험을 바탕으로 형성됐다. 회사의 모든 것을 최종적으로 책임지는 사람은 분명 CEO다. 그런 의미에서 루는 세계에서 가장 유명한 기업 중 하나인 IBM의 CEO를 지낸 인물이다. 1993년 루가 IBM의 CEO로 취임했을 때 과거 큰 영광을 누리던 이 회사는 시대에 뒤처진 전략 탓에 커다란 위기에 빠져 있었고 경쟁자들에게 속수무책으로 시장을 내주고 있었다.

루는 비전, 확신, 통찰, 리더십, 두둑한 배짱, 강철 같은 의지, 겸손함 등을 바탕으로 IBM의 경영을 제자리로 돌려놓으면서 월스트리트 같은 비즈니스의 세계뿐 아니라 일반인들에게도 충격을 안겨주었다. 그는 수많은 출판물과 언론 매체의 표지를 장식했으며 현대의 헨리 포드(반유태주의자가 아니라는 점만 제외하고)라고 불리기도 했다.

루가 칼라일의 투자 전문가를 향해 신랄한 질문을 퍼부은 이유는 그 직원이 종이 위에 작성한 계획과 실제로 쏟아야 할 노력 사이의 엄청난 격차를 제대로 인식하는지 확인하기 위해서였다. 아무리 원대한 여정도 출발은 작은 한 걸음부터 시작된다. 루는 원대한 계획으로부터 원대한 결과를 얻어내려면 무엇이 필요한지 그날 칼라일의 회의실에 모인 누구보다 잘 알고 있었다. 비전은 꼭 필요하지만, 실용적인 겸손함도 못지않게 중요하다.

루가 그 직원에게 던진 질문은 '경영학 입문 과정'이라고 부를 만했다. 칼라일에서 그를 이사회 의장으로 선임한 것도 성장을 향한 원대한 비전과 현실에 기반을 둔 그의 능력을 좀 더 체계적으로 연결하기 위해서였다.

루가 칼라일에 합류한 일은 사모펀드 업계의 지형이 급속도로 변화하고 있음을 상징하는 놀라운 사건이었다. 칼라일의 리더들은 대기업 출신의 고위급 임원들(즉 많은 것을 보고 경험한 인물들)을 영입하면 투자자들을 위해 좀 더 높은 가치를 창출할 수 있음을 알게 됐다 이 백전노장들은 칼라일의 투자 전문가들이 뜬구름 속에서 헤매는 일을 완전히 막지는 못했지만, 적어도 그들이 좀 더 구체적인 현실 감각을 발휘하도록 돕는 역할을 했다.

한 가지 재미있는 아이러니는 루가 그 직원에게 도발적인 질문을 던진 칼라일의 본사가 미 국회의사당과 백악관에서 불과 몇 블록밖에 떨어져 있지 않다는 점이었다. 이 두 조직은 세상을 향해 온갖 원대한 약속을 늘어놓은 뒤에 그 맹세를 밥 먹듯이 어기는 것으로 이름난 곳이다. 그 모두가 말은 쉽고, 성취는 어려우며, 겸손함은 부족한 탓이다.

▎ **비전은 꼭 필요하지만,**
**실용적인 겸손함도 그에 못지않게 중요하다.** ◢

나는 루의 겸손하고 실용적인 접근방식에서 영감을 얻어 '점진주의 포용하기'라는 이름의 경영 철학을 스스로 개발했다. 이 철학의 핵심은 비전과 현실 사이의 균형을 맞추고 시간의 흐름에 따라 점진적으로 계획을 실천하는 데 있다. 언뜻 듣기에는 삶의 기대치를 낮추거나 소극적으로 행동하겠다는 말처럼 들릴 수도 있지만, 실제로는 정반대다.

나는 나이가 들수록 오히려 꿈이 커지는 것을 느낀다. 나는 '점진주의'를 삶의 원칙으로 채택한 덕분에 두 권의 책을 펴내는 장기적 프로젝트를 끝까지 마칠 수 있었다. 또 55세의 나이에 회사를 창업한다는 급진적인 계획을 실천에 옮길 수도 있었다. 최근에는 세 번째 책(감사함에 관한 책)을 구상 중이며, 베토벤에 관한 영화

대본도 쓰고 있다.

 이 경영 철학은 좀 더 치밀하게 인생을 계획하고, 집중력을 유지하고, 한꺼번에 많은 일을 이루려고 욕심부리지 말고, 삶의 작은 단계를 차근차근 밟아 올라갈 때마다 만족하며 살아가라고 내 등을 토닥인다.

 당신의 꿈이 평범하든 원대하든, 루의 겸손하고 실용적인 접근 방식을 따르는 것이 목표를 달성하는 최선의 길이다. 머리는 높은 구름 위에서 노닐더라도 발은 땅 위에 단단히 고정해야 한다.

# 30

## "모든 사람은 냄새나는 그곳을 갖고 있지요"

빌 콘웨이

이 교훈은 책에서 내용이 가장 짧다. 그러나 어떤 면에서 가장 임팩트가 크다.

나는 빌 콘웨이가 한 말을 단 한 번 들었을 뿐이다. 그런데도 기억이 너무도 생생해서 영원히 잊지 못할 것 같은 생각이 든다. 그 말을 떠올릴 때마다 겸손한 마음을 품게 된다.

우리는 자아도취에 관해 이야기를 나누던 중이었다. 독실한 가톨릭 신자인 빌은 모든 사람은 죄인이며 신 앞에서 평등한 존재라고 믿었다.

"모든 사람은 항문이 있고, 항문은 전부 냄새가 납니다." 그는 이렇게 말했다. 그날 우리가 또 무슨 대화를 나눴는지는 잘 기억나지 않는다. 사실 더 구구절절한 이야기는 필요치 않다.

어쩌면 나는 내 배설물에서는 악취가 나지 않는다는 말도 안 되는 자만심에 빠져 있었던 것 같다. 그럴 때마다 빌이 일깨워준 신랄한 진실을 떠올리며 에고를 억제하기 위해 노력한다. "기억하라. 억만장자나, 당신이나, 길 위의 노숙자나 모두 그저 사람일 뿐이다."

# 31

## 월스트리트에서 들을 수 없는 말
## "돈은 더 이상 필요 없습니다"

존 해리스

"제게 돈은 충분합니다."

월스트리트에서 이 세 마디는 투자은행에 근무하는 사람이 자신의 보너스에 만족한다는 말 이상으로 듣기가 어려운 말이다. 심지어 누군가에게 이 말을 들으면 그가 정신적으로 문제가 없는지 의문이 들 정도다. 월스트리트를 돌아가게 하는 윤활유는 "돈은 많을수록 더 좋다."라는 믿음이다.

칼라일의 최고 재무 책임자CFO 존 해리스가 47세 나이로 회사의 공동 설립자 앞에서 은퇴를 선언하며 이렇게 말했다는 소식을 들었을 때, 나는 존의 정신 상태를 염려한 게 아니라 그가 뒤에 남겨 둘 사람들을 염려했다. 금융 서비스 산업은 스트레스로 가득한 직

종이다. 성공은 손에 잡힐 듯이 가깝다. 큰돈을 벌든지 날리든지 둘 중 하나다. 그러나 일에 따르는 압박감은 엄청나다. 밤을 새워 일하는 것은 물론이고 끝없는 혁신도 필요하다. 출장도 수없이 다녀야 한다. 가족과 함께 보내는 시간을 희생하며 일하다 보면 결혼생활도 종종 위기를 맞는다. 극도의 피로감이 온종일 당신을 쫓아다닌다. 대체 무엇을 위해서 그렇게까지 일해야 할까? 바로 돈이다.

물론 다른 동기도 있을 수 있다. 명예, 직업적 만족감, 개인적 성장, 그리고 부자들이 더 부자가 되도록 돕고 공공 연금 가입자들에게 안전한 노후를 보장한다는 뿌듯함도 있을지 모른다. 하지만 그 모든 동기 중에 가장 높은 자리를 차지하는 것은 누가 뭐래도 돈이다.

여기서 한 가지 의문이 제기된다. 돈은 얼마나 많아야 충분한 걸까?

존은 삶의 우선순위를 오랫동안 고민한 끝에 자신이 이미 충분한 돈을 벌었다는 결론에 도달했다. 2007년 그는 칼라일의 공동 CEO 데이비드 루벤스타인의 방으로 들어가 회사를 떠나겠다고 말했다.

"데이비드는 깜짝 놀랐죠." 존은 이렇게 회상한다.

데이비드는 회사가 조만간 증권시장에 상장될 예정이니, 초창기부터 칼라일에서 근무한 존은 고위급 임원으로서 큰 재무적 보상을 받게 될 거라고 말했다. 보상의 규모는 얼마나 될까? 어느 모로 봐도 엄청날 듯싶었다. 존은 매사를 대수롭지 않게 표현하는 특유의 말투로 "그저 괜찮은 정도예요."라고 말했지만, 내가 추정하기로 최소 수천만 달러는 넘을 것 같았다.

존은 칼라일의 직원이 60명에 불과하고 운용 자산도 고작 수십억 달러 수준이던 1997년 이 회사에 합류했다. 그가 퇴사하던 2010년에는(설립자들은 그가 퇴사 일자를 최대한 늦추면서 은퇴를 준비할 수 있도록 배려했다) 직원 수가 1,000명에 달했고 운용 자산도 1,000억 달러가 넘었다. 칼라일을 성장시키고 조직의 기반을 구축하는 데 큰 역할을 담당한 존은 그동안 열심히 노력한 열매를 수확하기에 가장 유리한 위치에 놓여있었다. 그런데도 존은 왜 자신에게 돈이 충분하다는 결론에 도달한 걸까?

존이 일곱 살 때 그의 아버지가 52세의 나이로 세상을 떠났다. 엄청난 상실감을 겪은 존은 삶이 너무도 짧다는 사실을 절감했다. 그는 회계 감사 기업 아서 앤더슨에서 촉망받는 인재로 근무하던 27세 때 존 셰드라는 사람을 만났다. 셰드는 과거 월스트리트에서 근무하다가 미 증권거래위원회[SEC]에서 일하기 위해 고소득 일자리를 미련 없이 버리고 떠난 인물이었다. 그는 "배우고, 벌고, 봉사한다."라는 삶의 세 단계 철학을 존에게 전수했다. 인생의 첫 번째 3분의 1은 지식을 쌓는 데 집중하고, 두 번째 3분의 1은 성공하는 데 중점을 두고, 마지막 3분의 1은 자신이 가진 것을 공동체에 돌려주는 데 헌신하라는 것이었다.

셰드가 존의 마음속에 심어준 "충분함을 알라."는 교훈은 20년 뒤에 결국 열매를 맺었다. 존은 자신이 '버는' 단계를 마치고 '봉사하는' 단계로 옮겨갈 때라고 생각했다.

존은 칼라일에서 근무할 때 오로지 '더 많은 돈'에 목숨을 거는 세태에 저항하면서 현실적이고 겸손한 자세로 일했다. 물론 그 역시 편안하고 풍족한 삶을 살았지만, 월스트리트의 성공을 상징하는 자가용 비행기나 헬리콥터는 그의 사전에 없었다. 존은 회사가 주식시장에 상장하면서 자신의 순자산이 두세 배쯤 늘어난다고 해도 라이프스타일에는 변함이 없음을 잘 알고 있었다.

존은 나를 포함한 칼라일의 많은 동료에게 유용한 조언을 제공한 훌륭한 멘토였다. 우리가 나눈 대화의 주제는 대부분 삶의 우선순위에 관한 것이었다. 그리고 우리와 나눈 대화가 그의 사고방식에도 다시 영향을 주었음이 분명했다.

존은 이렇게 말했다. "사람들은 다음에 어떤 일을 해야 하는지 늘 걱정합니다. 어떤 사람의 자존감은 회사에서 맡은 일이나 업무적으로 이뤄낸 성과에만 연동되어 있어요. 그럴수록 한 걸음 물러나서 숲 전체를 봐야 합니다. 삶에서 궁극적으로 무엇을 이루고 싶은지 자기 스스로에게 질문해야 해요. 꼭 일을 계속하는 것만이 그 목표를 이루는 방법일까요?"

▶ **존은 회사가 주식시장에 상장하면서 자신의 순자산이 두세 배쯤 늘어난다고 해도 라이프스타일에는 변함이 없음을 잘 알고 있었다.** ◀

존은 13년간의 칼라일 근무를 마치고 짐을 싸서 버지니아의 샬로츠빌로 이주했다. 그는 경력의 정점에서 '모든 일이 잘 풀려나갈 때' 새로운 삶을 살기 위해, 즉 루 거스너처럼 '포트폴리오 인생'을 살기 위해 직장을 떠났다. 그의 버킷 리스트에는 아내 에이미와 초등학교에 다니는 아이들과 더 많은 시간을 보내고, 가까운 친구나 가족들과 어울리고, 새집을 건축하고, 대학교나 비영리단체에서 봉사하고, 여행을 다니고, 자신의 돈을 직접 투자하고, 개인 기업의 이사회에서 활동하고, 영화 대본을 쓰고, 짧은 극영화나 다큐멘터리를 제작하는 일 등이 담겨 있었다.

"삶의 즐거움과 보람을 느낄 수 있다면 어떤 일을 해도 상관없어요." 존의 말이다.

존의 입에서 나온 "돈은 충분합니다."라는 말은 내게 깊은 울림을 선사하며 지난 12년간 내 머릿속을 맴돌았다. 나는 돈이 얼마나 많아야 충분한 것인지를 두고 아내나 친구들과 대화를 나눴다. 게다가 최근 몇몇 친구(나이가 비슷한 친구)가 세상을 떠난 일은 그런 논의에 더욱 불을 지피는 계기가 됐다. 물론 돈이 얼마나 많아야 충분한지에 대한 대답은 사람마다 다를 것이다.

2019년에 직접 사업을 시작한 일은 포트폴리오 인생의 균형점에 한 걸음 다가서는 중요한 전환점이었다. 나는 돈에 대한 집착을 줄이고 가족과 시간을 보내거나 공동체에 봉사하는 활동에 더 역점을 두게 됐다. 어떤 객관적인 기준으로 보더라도 나는 이미 살아가기에 충분한 돈을 소유하고 있다. 한 가지 남은 일이 있다면 머리로 내린 결론에 마음도 동의하게 만드는 것이다.

일곱,

때로 논리보다
감정으로 움직이게 하라

톱니바퀴가 달린 기계에는 윤활유를 칠해줘야 부품들이 서로 부드럽게 움직인다. 사람도 마찬가지다. 우리를 움직이는 윤활유는 바로 감정이다. 아이러니한 사실은 사람에게서 감정을 빼면 기계나 다름없는 존재가 된다는 것이다. 온종일 사무실에 앉아 기계들 옆에서 일하는 것은 매우 비참한 경험일 수 있다.

그러나 일터에서 기쁨, 행복, 용기, 감사함, 재미, 믿음 같은 느낌을 경험하거나 동료들에게 그런 감정을 장려한다는 것은 꽤 두려운 일이다. 특히 전통적인 기업 환경에서는 그러기가 더욱 어렵다. 자신의 진정한 모습을 자연스럽게 표현하는 일과 남들에게 자신의 가치관을 강요하는 일 사이의 경계선은 어디인가? 그 선은 각자가 알아서 그어야 하겠지만, 내 경험으로는 거의 모든 사람이 스펙트럼의 한쪽에 치우쳐있는 게 사실이다.

그러나 스펙트럼의 반대편을 향해 움직이는 일은 언제든 가능하며, 사실상 우리가 평소에 만나는 사람들은 대부분 그런 변화를 환영한다.

이 장이 특히 중요한 이유는 인간이 기계보다 훨씬 나은 존재이기 때문이다. 문제를 해결하고 목표를 성취하는 데 '논리'가 아무리 강력한 힘을 발휘한다 해도, 감정과 논리는 상호 배타적인 요소가 아니다. 물론 논리를 잠시 제쳐두고 감정을 앞세우는 일은 사람들에게 진지하지 못한 행위로 받아들여질 수도 있다. 하지만 이 장에서 소개할 미치 다니엘스의 사례에서 볼 수 있듯이, 약간의 장난이나 일탈은 업무를 완수하는 데 강력한 윤활제가 되기도 한다.

나도 평소에 행복과 감사를 많이 표현하는 사람 중 하나다. 그런 의미에서 신이 내게 허락한 축복을 새로운 눈으로 바라보게 해준 댄, 아데나, 살레$^{Saleh\ Awolreshid}$에게 감사한다.

이 장을 읽을 때 생각해야 할 질문은 다음 네 가지다.

1. 나는 개인적·직업적 만족감을 얻기 위해 감정이라는 도구를 더 효과적으로 활용할 수 있는가?
2. 내가 사무실에서 진정한 나 자신의 모습을 표현한다면 동료들에게 환영받고 회사에도 도움이 될 수 있을까?
3. 신이 내게 내려준 진정한 선물은 무엇이며, 나는 그 선물을 주위 사람들과 기꺼이 나눌 준비가 되어있나?
4. 더 많이 감사하고 더 많이 행복해지려면 무엇을 연습해야 할까?

# 32

## 그 억만장자는 자신의 능력이 아닌
## '신의 덕분'이라 말한다

댄 다니엘로

2005년, 신문기자 한 사람이 칼라일의 공동 설립자 댄 다니엘로 Daniel A. D'aniello를 심층 인터뷰한 적이 있다. 댄은 그 기자에게 그동안 자신이 살아온 내력을 담담하게 털어놓았다. 미혼모 슬하에서 자라난 그는 시러큐스 대학교와 하버드 경영대학교를 졸업했고, 미 해군에서 복무했으며, 메리어트 코퍼레이션에서 수석 임원으로 일하다가 칼라일을 공동 설립했다. 그리고 이 회사에서 쉴 새 없이 일한 끝에 결국 억만장자가 됐다.

댄은 주어진 "신의 선물과 수많은 기회에 감사하면서 매일 아침 침대를 뛰쳐나온다."라는 말을 덧붙였다.

내가 댄에게서 이 표현을 들은 것은 그때가 처음이자 마지막이었다. 하지만 그 말이 전달하는 단순한 메시지의 위력은 내게 큰 충격을 안겨주었고 그 뒤로 18년 동안 머릿속을 떠나지 않았다. 지금 돌이켜보면 그 표현은 내 두뇌와 영혼에 영원히 지워지지 않는 뚜렷한 표시를 남겼다는 생각이 든다.

  이 교훈은 지금까지 책에서 소개한 많은 이야기 중에서도 가장 중요하다. 우리가 감사함을 느낀다는 말은 모든 선(善)의 원천인 신의 옆에서 하루하루를 살아간다는 뜻이다.

  또 내가 생각하기에 누군가에게 감사한다는 말은 영혼 깊은 곳에서 세상을 향한 고마움과 겸손함을 품고, 세상은 나에게 빚진 게 아무것도 없으며 오늘 내가 소유한 것이 영원히 존재하지 않을 수도 있다는 믿음을 품는 일을 의미한다. 순전히 본인의 능력으로 부를 이뤘다고 착각하기 쉬운 억만장자의 입에서 모든 게 신의 축복이라는 말이 나오는 순간, 나도 내게 주어진 선물과 수많은 기회 앞에서 더욱 감사함을 느끼게 됐다. 그런 한편 마음속에서 이런 의문이 들었다. 왜 더 많은 사람이 아침부터 저녁까지 기쁜 마음으로 하루를 살지 못하나? 왜 우리는 감사하는 마음으로 침대를 뛰쳐나오지 않나?

> ▶ **순전히 본인의 능력으로 부를 이뤘다고 착각하기 쉬운 억만장자의 입에서 모든 게 신의 축복이라는 말이 나오는 순간,**

**나도 내게 주어진 선물과 수많은 기회 앞에서
더욱 감사함을 느끼게 됐다.**

사회과학자들의 연구에 따르면 '감사함'이라는 감정은 수명이 매우 짧다고 한다. 승진, 급여 인상, 새로운 일자리 같은 좋은 일로 인해 느껴지는 행복한 감정은 때로는 몇 달 만에 금세 자취를 감춘다는 것이다. 복권에 1등으로 당첨된 사람도 (그 돈으로 인생을 망치지만 않는다면) 예전과 달라진 삶의 방식에 금방 적응한다. 예를 들어 2021년 〈인적 자원 관리 저널〉에 실린 논문('감사의 기쁨: 승진이 단기적 동기 부여 및 장기적 성공에 미치는 효과는 여성과 남성이 똑같은가?')의 저자들은 '승진'이라는 혜택이 단기적으로는 일자리에 대한 만족감을 높이는 데 긍정적인 요소로 작용하지만 1년이 지나면 효과가 현저하게 감소한다는 사실을 밝혀냈다.

나는 몇 년 전 다음과 같은 사고 실험 한 가지를 개발했다. 당신이 타임머신을 타고 과거로 돌아가 1800년대나 그보다 이전에 살았던 역사적인 인물들(토마스 아퀴나스, 조지 워싱턴, 베토벤, 돌리 매디슨, 심지어 모세나 예수 같은 사람)을 만난다고 상상해보자. 그들 앞에서 오늘날 우리가 주방에서 사용하는 두 가지 물건(냉장고와 오븐)을 이렇게 묘사한다면 어떨까.

"아침에 햇빛을 받으며 자리에서 일어나 주방으로 들어갑니다. 커다란 상자를 열면 놀랍게도 그 안에서 밝은 빛이 쏟아져 나옵니다. 그 상자 안에는 차가운 우유, 신선한 달걀, 채소, 전날 먹고 남겨둔 음식, 바비큐 소스 같은 것들이 가득하며 그 밖에도 수많은 물건이 주인의 선택을 기다립니다. 그 옆에는 또 다른 상자가 놓여 있습니다. 손잡이를 돌리면 순식간에 불길이 피어오르면서 음식이 요리됩니다. 단추를 누르면 빵이 구워지고 파이가 완성됩니다."

당신이 과거에서 만난 손님은 소스라치게 놀라며 그런 기계를 발명하는 일이 과연 가능한지, 만일 그 말이 사실이라면 그로 인해 사람들의 삶이 어떻게 달라질지 궁금해할 것이다.

현대인들에게 냉장고와 오븐은 삶을 더 풍요롭고, 건강하고, 생산적으로 만들어주는 수많은 도구 중에 고작 두 가지 물건일 뿐이다. 하지만 우리는 그 물건들을 사용할 수 있다는 사실에 진정으로 감사하며(기뻐 날뛰지는 않더라도) 살아가는가? 아니면 그 도구들이 너무 익숙하다 보니 감사의 마음은 온데간데없고 다른 일에만 정신이 팔려있는가?

우리는 감사하는 마음을 어떻게 유지할 수 있을까? 내가 도달한 결론은 감사함을 표현하는 행위를 평소에 의도적으로 실천해야 한다는 것이다. 다시 말해 우리의 생각과 행동 속에 감사를 표현하는 말과 행동을 매일같이 의식적으로 주입해야 한다. 감사함은 결코 '지나간 기억'이 되어서는 안 된다.

나는 감사함을 표현하는 습관을 일상에 녹여 넣기 위해 모든 수단과 방법을 개발했다. 그중에서도 가장 중요한 일과는 하루에도 몇 번씩 신에게 감사하고, 세상에 영원한 것은 없으며, 비극은 아무 통보 없이 닥칠 수 있다는 사실을 스스로 기억하는 일이다. 때로는 조금 재미있는 방법으로 신에게 감사를 표현하기도 한다.

열렬한 자전거 애호가인 나는 고개 정상에서 아래로 질주하기 전에 다음과 같은 10개의 'B'를 암송하곤 한다. "내게 몸$^{body}$, 두뇌$^{brain}$, 뼈$^{bones}$, 허리$^{back}$, 균형$^{balance}$, 호흡$^{breath}$, 피$^{blood}$, 혈압$^{blood\ pressure}$, 엉덩이$^{bottom}$, 자전거$^{bike}$를 허락하신 신께 감사합니다."

이제 60세를 넘긴 내가 아침마다 침대를 벌떡 뛰쳐나오기에는 여기저기 아프고 신체적으로 조금 무리가 있지만, 내게 주어진 수많은 축복을 생각할 때 나의 영혼은 늘 감사의 마음으로 하늘을 둥실둥실 날아다니고 있다.

## 33

## 심각한 실적 발표 회의에 등장한
## 스마일 티셔츠

아데나 프리드먼

---

아데나 프리드먼은 한 손에는 몇 장의 종이, 다른 한 손에는 중간 크기의 상자 하나를 들고 장난스러운 미소를 지으며 회의실로 들어왔다. 회의실에 있는 사람은 나와 아데나 둘뿐이었지만 잠시 뒤에는 다른 사람들도 합류할 예정이었다.

아데나는 나스닥 상장기업 칼라일의 최고 재무 책임자로서 3개월마다 시장에 정확한 실적 수치를 발표하는 책임을 맡고 있었다. 이번 분기에 칼라일의 숫자는 월스트리트의 분석가들이 기대한 수준에 미치지 못했다. 그렇다고 손해를 본 것은 아니고, 사람들이 기대했거나 예상한 만큼 수익을 올리지 못했다는 뜻이다.

아데나는 회사가 이번 분기의 실적을 발표하고 애널리스트들의 질문에 답하는 오늘의 전화 회의에서 동료 임원들이 좀 더 부드럽고 활기찬 분위기에서 회의를 진행할 수 있도록 비밀 무기 하나를 준비했다. 커다란 미소가 새겨진 흰색 티셔츠였다.

나는 아데나가 건네준 티셔츠를 드레스셔츠와 넥타이 위에 겹쳐 입었다(마침 그날은 내 생일이었으므로 그렇게 발랄한 디자인의 셔츠를 입는 데는 이중의 의미가 있었다). 아데나도 자신의 블라우스 위에 티셔츠를 입었다.

회사의 임원들이 한 사람씩 회의실로 들어왔다. 칼라일의 공동 설립자 세 사람, 최고 운영자, 투자자 관리 책임자, 대외 관계 업무 책임자(내 상사) 같은 사람들이었다.

임원들은 아데나와 내가 착용한 익살스러운 티셔츠를 보고 미소를 지었다. 그녀는 모든 참석자에게 티셔츠를 나눠주었으나 아무도 받지 않았다. 그렇다고 그들이 무례한 사람들은 아니어서 완강하게 거부 의사를 표시한 건 아니었다. 단지 티셔츠를 입으려 들지 않았을 뿐이었다. 나는 회의 분위기를 부드럽게 하고 유대감을 높이기 위해 셔츠를 준비했다고 짧게 말했지만, 임원들은 당장 해야 할 일에만 정신이 팔려있었다. 아데나도 그들에게 티셔츠를 입으라고 강요하지 않았다.

나는 아무도 입지 않은 티셔츠를 혼자 입고 있는 게 잠시 어색하게 느껴졌지만, 아데나도 같은 옷을 입고 있는 모습에 안심했다.

정해진 시간이 되자 모두가 긴 탁자에 둘러앉아 이번 분기의 실적을 발표하는 전화 회의를 시작했다.

"말하는 어조도 물론 중요합니다." 아데나는 내게 이렇게 말했다. "하지만 우리 회사에 장기적으로 돈을 맡기는 투자자들이 가장 중요하게 생각하는 점은 담당 투자팀이 회사의 전체적인 전략과 강점을 얼마나 자신 있게 표현하느냐 하는 것입니다."

행복한 얼굴이 새겨진 티셔츠를 입는 행동은 아데나에게 한순간의 즐거운 일탈에 불과했을지 모른다. 그러나 그녀의 스스럼없는 태도에서는 본인의 생각과 행동이 남들과 다르다는 사실을 전혀 개의치 않는 강한 의지가 엿보였다. 회의 참석자들이 티셔츠를 하나같이 사양했을 때, 아데나도 자신이 벌인 일이 과연 옳은지 잠시나마 의문을 느꼈을지 모른다. 하지만 그녀는 당당하게 티셔츠를 착용한 채 그날의 할 일 중에서 가장 심각하고 어려운 업무를 끝마쳤다.

소위 또래 압박\*은 놀라울 만큼 강력한 사회적 현상이다. 특히 기업이라는 환경에서는 그 힘이 더 강해서 조직 구성원들이 무엇을 입고, 언제 어떻게 말하고, 전통적인 사고방식에서 얼마나 일탈할 수 있는지에 대한 기준을 결정하기도 한다. 나 역시 10대의 소년이었을 때부터 현재에 이르기까지 이런 사회적 힘의 정체를 파악하기 위해 무진 애를 썼고, 그 힘의 긍정적인 부분은 적절히 이

---

\* 나이나 사회적 위치가 비슷한 동료 집단으로부터 받는 압력

용하고 부정적인 부분은 회피하려고 노력했다. 아데나의 티셔츠 장난은 또래 압박을 관리하는 방법의 모범 사례라고 할 만했다. 그녀는 자신이 원하는 일(언뜻 색다르게 보이지만 완벽하게 합리적인 일)을 자신 있게 밀어붙이면서도 동료들의 미지근한 반응에 전혀 아랑곳하지 않았다.

> ▌**행복한 얼굴이 새겨진 티셔츠를 입은 일은
> 아데나에게 기쁘고 즐거운 일탈임과 동시에
> 본인의 생각과 행동이 남들과 다르다는 사실을
> 전혀 개의치 않는 의지의 표현이었다.** ▌

그렇다고 아데나가 그 일탈에 대해 100퍼센트 자신감을 품었을까? "저 역시 지금까지 살아오면서 마음속으로 완벽한 자신감을 느끼지 못하는 순간을 수없이 겪었습니다. 하지만 겉으로는 다른 사람들에게 자신감을 표현해야 합니다. 그 방법을 제대로 익히는 일이 정말로 중요하죠." 아데나의 말이다.

그런데 그 자신감은 애초에 어디에서 왔을까? "부모님은 어릴 때부터 저를 둥지 바깥으로 종종 밀어냈습니다. 그건 정말로 다행스러운 일이었어요. 물속에서는 헤엄을 치지 않으면 죽는 겁니다." 아데나는 이렇게 말했다. "제가 10살 때 부모님은 저를 혼자 비행기에 태워 포르투갈로 보냈습니다. 그때는 휴대 전화도 없던 시절이었어요. 부모님은 공항에서 이렇게 말했죠. '딸아, 행운을 빈다. 그곳에 도착해서 할아버지 할머니를 잘 만나기를 바란다.' 두 분은 제게 자신감을 심어주기 위해 많은 일을 해주셨습니다. 그게 효과가 있었던 것 같아요. 덕분에 인생을 살면서 늘 자신의 길을 꿋꿋이 개척해 나가게 됐으니까요."

아데나가 보여준 자신감 넘치는 모습 덕분에 나도 대중 앞에서 어려운 질문을 더 자신 있게 던질 수 있게 됐다. 칼라일에서 6개월 정도에 한 번씩 열리는 타운홀 미팅*이나 연례 파트너 회의에서는 질의응답 시간이 찾아와도 참석자들이 좀처럼 손을 들고 질문하지 않는다. 반면 나는 너무 많은 질문을 퍼붓다 보니 회의 진행자는 으레 나를 지목하면서 질의응답 시간을 시작할 정도였다. 심지어 내가 손을 들지 않았을 때도 마찬가지였다.

나는 모든 사람이 궁금해하면서도 차마 물어볼 용기를 내지 못하는 어려운 질문을 솔선수범해서 고위급 임원들에게 던졌을 때, 동료들이 고마워한다는 사실을 알고 있었다. 동료들이 내게 감사를 표시하면 내 대답은 한결같았다. "지금까지 회사에서 잘리지 않은 걸 보면 권력자들에게 질문을 던짐으로써 자기 일에 책임을 지게 하는 일이 우리가 생각하는 것만큼 그렇게 위험하지는 않은

---

\* 조직의 리더와 직원 간의 소통을 위한 회의로 대개 전 직원이 참석한다.

듯합니다."

또래 압박은 사회적 관행과 규범을 결정한다는 점에서 장점이 있지만, 개인의 창의성을 제한하고 책임 의식을 억누르는 단점도 있는 것 같다. 나는 더 많은 사람이 아데나의 행동을 본받아 조직 내에서 '모난 정'(칼라일에서 함께 일했던 중국 동료가 사용한 표현이다)이 될지도 모른다는 우려를 내려놓았으면 한다. 우리 모두 행복한 미소를 담은 티셔츠를 입을 용기를 내자.

## 34

### "부의 격차가
### 행복의 격차는 아니니까요"

살레 아울레시드

엔진 체크. 자동차 계기판에 나타난 노란색 경고등이 우리의 행복한 기분에 찬물을 끼얹으면서 즐거운 자동차 여행을 혼란에 빠뜨렸다.

나는 10대의 두 딸 알리디아와 아리아를 차에 태우고 내 친구 살레 아울레시드의 시민권 선서식에 참석하기 위해 볼티모어-워싱턴 파크웨이를 열심히 달리던 중이었다. 에티오피아 출신의 살레는 오랜 기다림 끝에 이제 미국의 시민이 될 준비를 마쳤다. 나는 살레를 기다리게 하거나 그의 선서식을 놓치고 싶지 않았다.

엔진 출력이 급격히 떨어지는 자동차를 갓길도 없는 도로 옆 풀밭에 세웠다. 시간을 넉넉히 잡고 출발했지만 차가 이렇게 말썽을 부릴 줄은 몰랐다.

히치하이킹이라도 해야 할까? 말도 안 되는 소리다. 아내에게 전화를 걸어 우리를 데리러 오라고 해야 할까? 그러기에는 시간이 없다. 우버를 부를까? 운전사가 우리를 이 고속도로 위에서 태울 수 있을까?

결론부터 말하면 우버 운전사는 우리를 고속도로 위에서 찾아냈다. 우리는 시간에 맞춰 선서식에 참석했고 덕분에 한 명의 개인이 수행할 수 있는 가장 엄숙한 행동을 목격하게 됐다. 바로 다른 나라의 국기 앞에서 충성을 맹세하는 일이었다.

살레는 워싱턴 DC에 있는 칼라일 본사 주차장에서 주차관리원으로 일했다. 그는 매일 아침 아름답고 행복한 미소를 띠며 특유의 말투로 내게 인사를 건넸다. "크리스 씨, 안녕하세요?"

살레가 4년간 나의 차를 대신 주차해준 인연으로 우리는 친구가 됐다. 우리는 가족, 신앙, 일, 주말 계획 등에 대해 많은 대화를 주고받았다.

우리가 한 번도 이야기를 나누지 않은 주제가 있다면 살을 에는 듯한 추위나 찌는 듯한 더위 같은 날씨 얘기였다. 사람들은 날씨에 대해 불평하기를 좋아한다. 온종일 냉방이 잘 된 장소에서 일하는 사람들도 차에서 내려 잠깐 엘리베이터를 타고 사무실로 올라가는 동안 날씨가 너무 덥다고 투덜댄다. 살레야말로 날씨를 탓할 만한 온갖 조건을 갖추고 있었지만, 그는 한 번도 불평하지 않왔다.

나는 어느 순간 우리 두 사람이 얼마나 다른 형태의 삶을(은유적이든 실제적이든) 살고 있는지 뼈저리게 느꼈다. 내가 어두컴컴한 지하 주차장으로 차를 몰고 들어가면 이 사회에서 소득 수준이 가장 낮은 사람이 언제나 밝은 표정으로 인사를 건네며 주차를 도와준다. 나는 엘리베이터를 타고 눈부시게 환한 조명이 켜진 사무실로 들어간다. 그곳에는 지구상에서 가장 부유한 사람들이 넘쳐난다. 그들은 기분이 좋을 때도 있고 나쁠 때도 있다. 지하 주차장에서 2층까지의 높이는 고작 몇십 미터에 불과하지만, 두 곳 사이의 틈은 무한대처럼 넓게 느껴진다.

부유한 사람들 옆에서 시간을 보내다 보면 그들의 말, 습관, 행동을 포함해 평범한 사람들을 깜짝 놀라게 할 일이 어느덧 평범한 일상이 되어버린다. 그들은 자가용 비행기, 화려한 호텔, 높은 연봉, 엄청난 보너스, 어마어마한 주식 보상, 두세 채가 넘는 집, 국가 지도자들과의 만남, 원하는 것은 무엇이든 손에 넣는 부와 권력, 무한한 기회 등을 당연한 듯이 받아들인다. 물론 그런 혜택 자체가 근본적으로 잘못됐다는 뜻은 아니다. 나는 이런 일이 가능한 나라에서 살아가는 게 신의 축복이라고 생각한다.

나를 놀라게 하는 것은 '부의 격차'가 아니라 '행복의 격차'다. 칼라일의 사무실에는 수십억 달러나 수억 달러의 자산을 보유한 사람들이 수시로 돌아다닌다. 그들이 받는 보너스에는 '0'이 여섯 개쯤 붙어있다. 하지만 그 부자들은 과연 행복한가? 데이비드 루벤스타인은 자기가 아는 부자 중에 행복한 사람은 그렇게 많지 않다고 말했다.

살레는 높은 연봉을 받지는 못하지만 늘 행복하다. 가족과 신앙, 그리고 미래에 대한 희망은 그에게 넘치는 기쁨과 균형 잡힌 시각을 선사한다. 살레는 주차장이 덥든 춥든 개의치 않고 삶의 긍정적인 면만을 바라본다. 쉽게 말해 그는 스스로 행복을 선택한 사람이다.

하지만 왜일까? 그런 낙관적인 관점은 어디서 오는 걸까? 삶은 끝없는 도전이라고 믿는 살레는 자기가 소유한 모든 것을 주신 신께 감사한다고 말한다. 그는 이렇게 덧붙인다. "뭔가를 불평할수록 일은 더 나빠질 뿐이니까요." 살레의 인생관 한복판에 놓인 것은 이슬람교 신자로서의 독실한 신앙이다. 살레의 말에 따르면 선지자 모하메드가 제자들에게 이렇게 당부했다고 한다. "이웃, 다른 사람, 심지어 동물에게도 친절하게 대하라. 우리는 모든 사람과 잘 지내고 서로를 돌보아야 한다."

> ▌살레는 높은 연봉을 받지는 못하지만 늘 행복하다.
> 가족과 신앙, 미래에 대한 희망은
> 그에게 넘치는 기쁨과 균형 잡힌 시각을 선사한다. ◢

나는 살레의 시민권 선서식에서 막 미국 시민이 된 그에게 미국 국기를 선물했다. 그리고 이제 그가 미국인이 됐으니 미국이 조금쯤은 더 살기 좋은 나라가 됐을 거라고 말했다.

나 역시 조금쯤은 더 훌륭하고 행복한 사람이 됐다. 그가 내 친구이기 때문이다.

## 35

### 글렌은 믿음을
### 숨기지 않는다

글렌 영킨

이번 서른다섯 번째 이야기는 건너뛰어도 좋다. 종교 이야기가 담겨 있기 때문이다. 읽는 이의 신념과 상황, 각 나라와 조직의 문화에 따라 맞지 않거나 불편할 수도 있을 것이다. 하지만 최소한 '나에게는' 글렌 영킨의 이야기가 신선함을 넘어서 놀라움이었고, 이후 개인의 삶과 조직생활에까지 큰 영향을 미쳤기에 따로 중요하게 다루려 한다.

"기도합시다."

처음 들었을 때는 마치 가족들과 저녁 식사를 시작하려는 듯한 착각이 들었다. 하지만 나는 칼라일의 공동 CEO와 함께 회사에서 일하는 중이었다. 어느 언론사와 중요한 인터뷰를 앞두고 있던 그는 내가 기독교 신자라는 사실을 알았기에 함께 기도를 올리자고 제안했다. 성경에도 이런 구절이 있지 않나. "두세 사람이 내 이름으로 모인 곳에는 나도 그들 중에 있느니라."*

글렌 영킨은 독실한 크리스천이다. 사무실에 출근해도 본인의 종교적 신념을 실천하는 일을 멈추지 않는다. 그의 이런 면모를 두고 상사가 부하직원들에게 종교적인 압박을 가한다고 생각하는 사람이 있을까? 그럴지도 모르겠다. 하지만 나는 글렌에게 압박을 느낀 적도 없고, 직원들이 뒤에서 투덜대는 모습을 보지도 못했다. 쉽게 말해 글렌은 주위에 있는 사람들을 성숙한 어른으로 대한다. 남에게 신앙을 강요하거나, 자신에 대한 충성심을 실험하는 지표로 삼거나, '글렌 클럽'에 가입하기 위한 조건으로 활용한 적이 한 번도 없다. 다만 그는 자신의 신앙적 전통과 신에 대한 믿음을 표현하는 행위를 개인 생활을 포함한 삶 전체에 자연스럽게 녹여 넣었을 뿐이다.

글렌은 사명감에 넘치는 사람이다. 모든 일을 '집중적인 학습'을 바탕으로 준비하고, '학구적인 집중력'을 활용해서 업무를 처리한다. 훈련받은 엔지니어인 글렌은 어떤 일이 됐든 그 이면에 놓인 '이유'와 '방법'을 깊이 탐구한다. 그는 칼라일에서 기반시설 산업을

---

\* 마태복음 18장 20절

담당하는 투자팀을 이끌 때 이 분야를 너무나 속속들이 연구하다 보니 백악관에서 열린 연방 기반시설 예산 관련 행사에 초대받았을 정도였다. 글렌은 선출직 공무원 선거에 처음으로 출마할 결심을 굳혔을 때도(현재 그는 버지니아 주지사로 재임 중이다) 집중적인 훈련 과정을 통해 오늘날 가장 크게 쟁점이 되는 사안들과 나라 전체적으로 가장 영향력이 큰 인물들을 구체적으로 파악했다.

> ▶ 자신의 신앙심을 자신 있게 표현하는 글렌의 태도 덕분에 나도 일터에서 자신감 있고 합리적인 방식으로 내 믿음을 동료들과 공유할 수 있게 됐다. ◀

글렌은 영국에서 몇 년 근무하다 미국으로 돌아온 뒤에 북 버지니아 지역에는 자신이 속한 종파의 교회가 많지 않다는 사실을 깨닫고 집에서 가정 예배를 시작했다. 그는 신도들이 늘어나자 아예 교회 건물을 한 채 매입한 뒤에 런던에서 성공회 신부를 초빙해서 예배를 이끌게 했다.

글렌은 런던에서 근무할 때 새로운 신도들에게 예수를 가르치고 기존 신도들의 신앙 성장을 돕기 위해 알파라는 선교 모임을 조직한 적이 있다. 태어날 때부터 가톨릭 신자로 자라온 나는 신앙이 꽤 확고한 편이었고 성경에 대한 지식도 있었지만, 신앙을 계속 성장시키고 싶은 마음에 글렌이 조직한 모임에 가입했다. 프로그램이 진행되는 몇 개월간 이 모임의 참석자들과 함께 점심 식사를 나눈 것은 멋진 경험이었다. 그전까지 알파라는 모임은 들어본 적이 없었다. 그 모임은 재미도 있었고 믿음을 굳게 해주는 역할도 했다.

종교적 신념이 강한 사람에게 자신의 신앙을 일터에서 얼마나 편안히 표현하는지를 물으면, 대부분 당혹해하거나 불만스러운 표정을 지을 것이다. 미국 연방 정부의 정교분리 원칙은 민간 부문에도 (법률적인 측면보다는 관행적으로) 확고히 정착됐다. 직장이나 공동체에서 특정한 사안을 지지하는 사람들은 자신의 '비종교적' 관점과 취지를 열성적으로 주장하고 기금을 모은다. 하지만 그 취지가 '신'과 연결되는 순간 그런 행동은 갑자기 용서받지 못할 범법 행위가 된다. 이는 매우 불행하면서도 불필요한 편견이다. 우리에게는 타인의 종교를 이해하는 관용과 다원주의적인 포용심이 필요하다.

자신의 신앙심을 자신 있게 표현하는 글렌의 태도는 내게 깊은 감명을 주었다. 그 덕에 나도 일터에서 좀 더 자신감 있고 합리적인 방식으로 내 믿음을 동료들과 공유할 수 있게 됐다. 예를 들어 어려운 일을 당한 동료를 위해 신에게 기도해주겠다고 말하는 것도 그중 하나였다.

언젠가 동료 한 명이 자신이 큰 병을 앓고 있다는 사실을 내게 털어놓은 적이 있다. 그녀는 겁에 질려 있었고, 나는 슬프고 안타까웠다. 동료가 죽을지도 모르는 치명적인 병에 걸렸다는 사실은 내게 충격을 주었으며 인생의 무상함을 느끼게 했다.

동료가 중요한 수술을 받기로 한 바로 전날, 우리는 업무를 마친 뒤에 회사의 주차장에서 우연히 마주쳤다. 나는 동료의 손을 잡고 기도했다. 그녀의 의사를 축복하고, 그녀에게 편안한 마음을 내려주고, 병을 낫게 해달라고 신에게 빌었다. 나중에 생각해보니 내가 너무 과한 행동을 했나 싶어 마음이 불편했다. 하지만 우리의 우정은 더욱 깊어졌고, 그녀는 감사하게도 오늘날 건강을 되찾았다.

# 36

## 백악관에서
## 걸려온 전화

미치 다니엘스

영국의 록밴드 롤링스톤스와 미국 연방 예산의 공통점은 무엇인가? 보통의 경우라면 별로 특별한 게 없을 것이다. 하지만 조지 W. 부시 행정부가 갓 출범한 2001년 초의 어느 날에는 그 두 가지가 완벽한 화음을 이뤘다.

나는 2001년 2월부터 백악관 예산관리국에서 일하기 시작했다. 내가 홍보 책임자로서 맡은 역할은 대통령이 수립한 예산안을 국민에게 효과적으로 전달하는 일이었다. 당시 내 직속 상사는 예산관리국 이사인 미치 다니엘스였다.

미치는 수조 달러 규모의 연방 예산 수립을 위해 대통령이 특별히 지명한 인물이었다. 수많은 연방 조직과 정부 부처에서 조금이라도 더 많은 예산을 타내기 위해 끊임없이 손을 벌렸지만, 미치는 적자 예산의 수렁에 빠지기를 단호히 거부하고 그들의 요청을 들어주지 않았다. 예산을 얼마나 심하게 잘라댔으면 사람들이 그를 '칼잡이 미치'라는 별명으로 불렀을 정도였다.

미치 다니엘스를 처음 본 사람은 그가 재미있는 남자라고 생각하지 않을 것이다. 그는 대단히 머리가 좋고, 일에 열정적이며, 세부 사항에 강하고, 집중력이 뛰어나다. 또 다정다감한 성격과는 거리가 멀고 멍청한 사람에게는 혹독하게 대한다. 그러나 한편으로 미치는 유머를 사용해서 분위기를 띄우고, 요점을 정확히 짚어내고, 어려운 이야기를 쉽게 설명하고, 남들에게 재미를 선사하는 재주가 있다. 때로 그가 던지는 농담은 타인을 향한 좌절감이나 경멸에서 비롯되지만 그런데도 재미가 있고 효과적이다. 특히 그가 엄숙하고 진지한 장소에서 툭툭 농담을 던질 때면 일종의 인지부조화마저 느껴지기도 한다.

예산을 절감하려는 노력이 하원에서 번번이 가로막히는 데 좌절한 미치는 언젠가 가수 댄 힉스의 노래 제목을 인용해서 답답한 심경을 토로한 적이 있다. "당신이 떠나지 않으면 내가 어떻게 그리워할 수 있을까요?" 또 그는 이런 농담도 좋아했다. "그냥 서 있지만 말고 뭔가 돈을 써요."

미치의 말은 하원의원들의 심기를 불편하게 하기도 했지만, 그가 염두에 두고 있던 도발적인 행동에 비하면 시작에 불과했다. 부시 행정부의 첫 번째 예산안 발표를 며칠 앞둔 어느 날, 미치는 자신의 사무실로 나를 불렀다. 그의 사무실은 백악관 웨스트 윙에서 조금 떨어진 행정부 구관 2층에 있었다. 천정이 5미터 정도 되고 화려하게 치장된 방이었다.

미치는 우리가 예산안을 공개할 때 롤링스톤스의 노래 '당신이 원하는 것을 항상 얻을 수는 없어요 You Can't Always Get What You Want'를 녹음해서 기자들에게 나눠주는 게 어떠냐고 물었다. 그의 장난기가 절정에 달한 순간이었다. "당신이 원하는 것을 항상 얻을 수는 없어요. 하지만 노력한다면 꼭 필요한 것을 찾아낼 수는 있겠죠."라는 가사는 당시 우리가 추진 중인 예산 삭감 정책의 주제와 통했다. 나는 곧바로 그의 장난에 합류해서 예산안 발표 전까지 노래를 녹음한 뒤에 기자들에게 나눠줄 계획을 세웠다. 다른 사람들에게는 비밀로 했다.

예산안 발표일 오전 6시, 나는 여러 권으로 이루어진 20센티미터 두께의 2002년도 예산안을 몇몇 통신사 기자에게 배포했다. 이 기자들은 예산안의 주요 내용을 간략히 요약하고 머리기사를 작성해서 곳곳으로 타전할 사람들이었다. 나는 그들에게 우리의 주제가 녹음된 카세트테이프도 나눠줬다.

통신사 기자들은 대통령의 예산안을 최초로 공개하는 기사에서 우리의 장난스러운 일탈을 소개했다. 그들은 이 완고한 공화당원들이 지루한 숫자로 가득한 행사에 인간미를 불어넣는 유머 감각을 발휘했다고 썼다.

우리가 나머지 기자들에게 예산안을 (그리고 카세트테이프를) 배포할 준비가 한창일 때, 백악관 부대변인에게 전화가 걸려왔다. "크리스, 기자들에게 예산안과 함께 롤링스톤스 노래가 담긴 카세트테이프를 나눠준다고 들었어요. 설마 사실이 아니겠죠?"

"그게요." 내가 대답했다. "사실입니다."

나는 우리가 그렇게 행동해야 했던 논리를 설명했다.

놀라는 소리. 침묵. 또 놀라는 소리.

결론부터 말하면 백악관은 우리의 행동에 제동을 걸었다. 나는 이 일로 인해 해고당하는 게 아닌지 걱정이 됐지만 미치는 꿈쩍도 하지 않았다.

"유머는 사람을 무장 해제시킵니다. 마음의 문을 열어주고 인간관계의 기반을 구축하죠." 미치의 말이다. "유머는 사람들과 건설적으로 협력할 가능성을 높이고 더 좋은 결과물을 만들어냅니다."

미치는 요즘처럼 세상이 이념적으로 나뉘어있는 시기에는 유머 감각이 더욱 필요하다고 말한다. "나는 정치와 비즈니스가 인생의 전부가 아니며 우리의 삶에는 그보다 더 많은 일이 존재한다는 균형 잡힌 관점을 선사하기 위해 유머를 활용합니다."

▶ **유머는 사람을 무장 해제시키고
마음의 문을 열어주고 인간관계의 기반을 구축한다.** ◀

나도 미치의 생각에 전적으로 동의한다. 우리는 개인이자 사회의 일원으로서 늘 기본에 충실한 삶을 살고 서로의 인간적 면모에 공감을 나타내야 한다.

나는 미치의 독특한 관점과 과감한 일탈에 감동한 나머지 칼라일에서 18년을 근무하는 동안 일상의 업무에 유머 감각을 불어넣기 위해 다방면으로 노력했다. 간부 회의나 연설에 참석했을 때 분위기를 띄우는 일부터 연말 연휴를 맞아 회사 이름으로 익살스러운 동영상을 제작하는 일까지 방법도 다양했다. 어느 해에는 데이비드 루벤스타인이 칼라일이 인수한 비츠사의 헤드폰을 쓰고 녹음 스튜디오에서 랩을 열창하는 장면을 찍기도 했다.

미치도 동의하겠지만 인간사에서 유머가 중요한 이유는 자칫 묻혀버릴 수 있는 사안의 핵심을 짚어내고, 무미건조한 상황에 인간미를 불어넣고, 긴장을 풀어주고, 사람들에게 즐거움을 선사하는 도구가 될 수 있기 때문이다.

물론 유머를 활용하는 방법과 시기는 잘 판단해야 한다. 미치는 이렇게 말했다. "유머는 자연스러워야 해요. 남에게 유머 감각을 강요해서는 안 됩니다. 하지만 선을 잘 지키면서 적절히만 잘 활용하면 어떤 상황에서도 좋은 무기가 될 겁니다."

여덟,

# 개인의 차원을 넘어서는
# 순간이 온다

사람이란 원래부터 이기적인 동물이다. 나를 생각하기 전에 남을 먼저 생각하기는 쉽지 않다. 더구나 돈이 많고 권력이 강한 사람일수록 이타적인 마음을 품기가 훨씬 어렵다.

억만장자, CEO, 정치가 같은 사람들 옆에서 오랜 시간을 일하다 보면 그들의 콧대가 높아지는 것도 무리가 아니라는 생각이 든다. 그들은 늘 세상의 중심에서 관심을 독차지한다. 온갖 사람이 아이디어, 의견, 돈, 후광, 호의, 시간, 그밖에 수많은 것을 요구하며 그들에게 손을 벌린다. 그런 끝없는 요구나 청탁을 관리하기 위해서는 더욱 엄격하고 현실적인 사람이 되어야 한다. 또 자기가 삶에서 누리는 혜택이 영원하지 않다는 사실을 이해하는 겸손한 마음가짐도 필요하다.

내가 아는 성공적인 인물들의 공통점은 대부분 평범한 환경에서 자랐고 오직 본인의 노력만으로 돈과 권력을 손에 넣었다는 것이다. 그들이 생각보다 소탈한 데다 우리 같은 보통 사람들과도 잘 어울릴 수 있는 이유도 그런 배경 때문인 듯하다.

부자들은 모두 탐욕스럽고 이기적일 거라고 지레짐작하는 사람들은 그동안 내가 함께 일한 부자들을 한 번도 만나보지 못했음이 분명하다. 그토록 엄청난 부를 소유한 사람들이 자신의 시간, 재능, 재산을 어떻게 관리하는지 가까운 곳에서 관찰할 수 있었던 것은 내 삶에 주어진 큰 축복이라고 생각한다. 이 장에 담긴 교훈에는 그들의 다양한 기부 행위가 구체적으로 소개되어 있다.

이 장을 읽으면서 생각해봐야 할 질문을 소개한다.

1. 나는 '기부'에 대해 누구를 롤 모델로 삼고 있나?
2. 내 재능은 무엇이며 이를 남들과 나눌 준비가 얼마나 되어있나?
3. 나는 기부 활동에 좀 더 노력을 쏟고 다른 사람들을 보살필 수 있나?

# 37

## 노숙자도
## 이름이 있다

빌 콘웨이

---

독실한 가톨릭 신자인 빌 콘웨이는 지난 수십 년간 매일 미사에 참석하는 생활을 반복했다. 그는 오전 7시 20분이면 워싱턴 DC의 칼라일 본사 건물을 나선 뒤에 북쪽으로 세 블록을 걸어 10번가에 있는 성 패트릭 교회에 도착했다. 그렇게 교회를 오가는 길에 어김없이 친구들을 방문했다. 빌에게 매일 아침 같은 시간에 같은 교회에서 함께 미사에 참석할 친구들이 있다는 사실을 누가 알았을까?

사실 그들은 빌의 친구였지만, 교회에 나가지는 않았다. 그의 친구들은 성 패트릭 교회로 향하는 길 위에서 살아가는 노숙자들이었다. 그중 빌과 가장 가까운 친구들은 로렌조와 노만이었다. 빌은 아침마다 던킨도너츠나 스타벅스의 10달러짜리 상품권을 그들에게 나눠줬다. 한 번은 그곳에서 몇 블록 떨어진 페이리스 매장으로 로렌조를 데려가 신발을 한 켤레 사주기도 했다.

빌이 집 없는 사람들을 늘 친구로 삼았던 것은 아니다. 예전에는 보통 사람들처럼 노숙자들을 두려워해서 그들 옆을 번번이 지나쳐버렸고, 그 사람들이 도움을 요청해도 다른 데로 눈을 돌리고 딴청을 부리곤 했다.

하지만 시간이 흐르면서 빌의 독실한 신앙은 그에게서 가장 숭고한 행동을 불러일으켰다. 빌은 마태복음에 나오는 "내가 진실로 이르노니 너희가 여기 내 형제 중에 지극히 작은 자에게 한 것이 곧 내게 한 것이니라 하시고"라는 대목과 이사야서의 "너희는 굶주린 자에게 너희 음식을 나눠 주고, 집 없이 떠돌아다니는 가난한 사람을 너희 집으로 맞아들이며, 헐벗은 자를 보면 입히고, 도움이 필요한 너희 친척이 있으면, 외면하지 말고 도와주어라."라는 구절에 마음 깊이 감동했다.

하지만 말은 쉬워도 행동하기는 어렵다. 우리는 집 없는 사람들에게 더럽고, 무섭고, 위험하다는 사회적 낙인을 찍어버린다. 멋진 옷을 차려입은 억만장자 빌이 노숙자들 옆을 바쁜 걸음으로 지나치며 그들이 내민 손길을 냉정히 뿌리치는 모습을 쉽게 상상할 수 있다. 하지만 어느 날 아침 미사에서 크게 감동한 그는 가장 인간적인 행동을 했다. 노숙자들에게 다가가 그들의 이름을 물어본 것이다.

빌은 노숙자들의 이름을 알게 되자 그들을 더는 외면할 수가 없었다. 그는 길을 가다 멈춰서서 그들과 이야기를 나누고, 그들의 말을 들어주고, 그들에게 도움을 주었다. 그리고 그 사람들이 현재 처한 상황 앞에서 겸손한 마음을 품게 됐다. 빌은 워싱턴 DC의 노숙자들을 지원하는 단체 SOME에 돈을 기부하고 노숙자들이 자립할 수 있도록 도왔다.

> ▶ 어느 날 아침 미사에서 크게 감동한 그는
> 가장 인간적인 행동을 했다.
> 노숙자들에게 다가가 그들의 이름을 물어본 것이다. ◀

그가 처음으로 수표를 쓴 금액은 1,000달러였다. 그가 소유한 재산 10억 달러의 100만 분의 1에 불과한 금액이었지만, 그건 몸풀기였을 뿐이다. 얼마 되지 않아 그는 SOME, 가톨릭 채러티스, 캐피털 에리어 푸드뱅크 같은 자선 단체에 수백만 달러 또는 수천만 달러를 아낌없이 기부하기 시작했다. 빌은 투자를 승인할 때 긴 서류를 자세히 들여다보며 모든 것을 꼼꼼히 검토하듯이 자신의 돈을 기부할 때도 칼라일의 가치 창출 방식을 그대로 적용했다.

그는 사회-경제적 사다리(음식, 거주지, 옷, 의료, 직업 훈련 등)에서 가장 낮은 위치에 처한 사람들에게 기부의 초점을 맞춰야만 그들이 조금 더 높은 곳으로 이동하게끔 도울 수 있다고 믿었다. 그 말은 그들에게 의미 있는 일자리를 제공하고, 거주지를 마련해주고, 안정적인 삶의 기반을 선물하겠다는 뜻이었다. 빌은 자신이 기부한 수천만 달러의 돈으로 집도 없고 희망도 없는 사람들에게 밝은 미래를 선사했다.

　부자들이 주력하는 일 중 하나가 시간, 재능, 돈을 함께 나누자고 다른 사람들을 독려하는 것이다. 그들은 가난을 구제하는 일은 아무리 부자라도 혼자만의 힘으로 불가능함을 잘 알고 있다. 빌이 어느 날 내 방으로 들어와 10달러짜리 던킨도너츠 상품권이 가득 든 봉투를 내밀던 기억은 지금도 생생하다. 그는 워싱턴 DC의 길 위에서 마주치는 노숙자들에게 나눠주기로 약속한다면 얼마든지 가져가도 좋다고 말했다. 내가 상품권을 스무 장 집어 들자 그는 옆방으로 걸음을 옮겼다.

　빌은 그 시간에 동료 억만장자들과 어울리거나 책상에 앉아 투자자들에게 더 많은 돈을 벌어주는 법을 궁리할 수도 있었을 것이다. 하지만 그는 손수 사무실을 돌아다니며 처지가 어려운 사람들을 돕자고 직원들을 독려했다.

　빌은 자신이 세상에서 가장 큰 행운아라고 말한다. 하지만 가장 큰 행운아는 빌을 알게 된 사람들이다.

　빌의 자선 행위는 내게 큰 인상을 주었다. 나는 아직도 지갑에 상품권을 넣고 다니며 길거리에서 도움을 요청하는 사람들에게 언제라도 나눠줄 준비를 한다. 비록 그들을 친구라고 부르지는 않아도 내가 기도해주기로 약속한 몇몇 노숙자의 이름은 알고 있다. 크리스틴, 캐서린, 니시, 키스, 모세스, 마이클, 데일 형제, 스탠리, 조, 제임스, 토니 등등. 나는 그들에게도 내 가족을 위해 기도해 달라고 부탁한다.

지금 당장은 이 장의 이야기가 남의 일처럼 여겨질지 모른다. 하지만 당신에게도 빌과 같은 경험을 하게 될 날이 올 것이다. 이 책을 집어 들어 읽고 있다는 것은 그 시기가 언제일지 몰라도 분명히 빌 콘웨이와 같은 나눔을 실천할 날이 온다는 뜻이다. 나 역시 그랬고, 지금 그렇게 하고 있으니 말이다.

# 38

## 여럿으로 이루어진
## 하나

찰스 로소티

---

바이든 대통령은 부자들에게 더 많은 세금을 물게 하고 국세청IRS을 붕괴의 수렁에서 건져낼 계획을 입안할 때 국가 경제 회의 소속의 고급 두뇌들에게 일을 맡겼을까? 그렇지 않다. 재무부였을까? 아니다. 우수한 정책 전문가들이 넘쳐나고 자금도 넉넉한 싱크 탱크들은 어떨까? 그것도 아니다.

바이든은 81세의 전 IRS 의장이 오직 나라를 돕기 위해 순수한 마음으로 작성한 계획을 정책으로 채택했다. 그 노인은 자신이 쏟아부은 노력에 아무런 대가도 바라지 않았다. 오히려 직접 계획을 세우고 이를 지원할 조직을 꾸리는 데 개인의 돈으로 수십만 달러를 썼다.

찰스 로소티Charles O. Rossotti는 사업가 겸 투자자다. 그는 빌 클린턴 행정부와 조지 W. 부시 행정부에서 5년 동안 IRS 의장으로 근무한 경력이 있다. 찰스와 나는 칼라일에서 거의 18년간을 함께 근무했어도 업무적으로 마주칠 기회는 많지 않았다. 그런데도 나는 찰스가 모든 사람이 함께 일하기를 원하는 자애롭고 품위 있는 사람이라는 사실을 알고 있었다.

바이든 행정부가 IRS의 현대화 작업을 위해 찰스의 계획을 채택할 움직임을 보이자, 찰스는 내게 이 계획의 홍보 관련 업무를 맡아달라고 부탁했다.

그동안 나는 정치 분야와 비즈니스를 넘나들며 오랫동안 일했지만, 찰스 같은 사람은 한 번도 만나본 적이 없었다. 그의 유일한 목표는 자신의 대의大義를 이루는 것이었다. 이번 경우에는 택스 갭(납세자들이 내야 하는 세금과 실제로 걷힌 세금의 차이)을 줄이고, IRS에 더 많은 예산을 투입해 고객 서비스를 개선하고, 이 조직을 적자의 수렁에서 건져내는 게 그가 추구하는 대의였다. 찰스가 개인적으로 기대하는 이익은 아무것도 없었다.

워싱턴 DC에서 활동하는 사람들에게 동기를 부여하는 요인은 부, 권력, 사회적 지위, 인맥, 명예 등을 포함해 수없이 많다. 하지만 81세의 찰스는 돈도 쓸 만큼 있고, 다른 사람들의 삶을 통제할 권력도 필요치 않았으며, 자신의 친구가 누군지도 이미 알고 있었다. 또 사업적으로나 개인적으로나 인맥도 풍부했다. 그렇다면 그가 멋진 건물의 현관에 자신의 이름을 새기거나 본인의 이름을 딴 법안을 제정하고 싶어 했을까? 어림도 없는 얘기다. 찰스는 내가 사회생활을 하며 만난 거물 중에 가장 소탈하고 현실적인 사람이었다. 내가 찰스를 '거물'이라고 불렀다는 사실을 알게 된다면, 그는 헛웃음을 터뜨리거나 얼굴을 붉힐 것이다.

찰스는 대의를 이루는 데 모든 것을 헌신하는 인물이지만, 동시에 놀라울 만큼 전략적이고 기지에 넘치는 리더이기도 했다. 그런 능력은 오랜 시간에 걸쳐 여러 대기업과 거대 조직(IRS의 직원은 7만 5,000명이다)을 운영하는 과정에서 개발됐다. 그가 IRS의 현대화 계획을 수립하는 작업에 적임자들을 끌어들이고 정부 안팎의 요인들에게 도움을 받을 수 있었던 것도 그런 능력 덕분이었다.

나는 비즈니스 회의를 별로 좋아하지 않는다. 말만 장황한 회의보다는 행동을 선호하는 편이다. 하지만 찰스의 팀과 함께하는 회의는 매우 즐거웠다. 우리가 주기적으로 개최하는 줌 화상 회의가 그토록 효율적이고 생산적이었던 이유는 찰스가 집중력이 강하고, 결단력이 있고, 실용적이고, 남의 말을 잘 듣고, 도발적인 아이디어에 개방적이고, 조금쯤은 성미가 급한 모습을(다시 말하지만 성공한 기업가들은 대부분 성미가 급하다) 보였기 때문이다. 게다가 그는 어떤 순간에도 한 조각의 유머를 놓치는 법이 없었다. IRS처럼 기능 장애 상태의 거대 조직을 개혁하려면 유머 감각을 발휘하는 일은 필수다.

찰스가 나라를 돕는다는 만족감 이외에 아무런 대가를 바라지 않고 오직 대의를 위해 헌신하는 모습은 내게 큰 감동을 주었고 겸손한 마음을 갖게 했다. 그는 대통령에게 훈장을 받고도 남을 인물이다.

미국인들 사이에서 정치적인 대치가 극에 달한 요즘에는 사람들이 '우리 대 그들' 또는 '나는 옳고 너는 틀렸다' 같은 이분법적 사고에 쉽게 빠져든다. 하지만 찰스의 단순하고 순수한 행위는 과거 미국의 표어였던 'E Pluribus Unum(여럿으로 이루어진 하나)'라는 글귀를 떠올리게 한다.

나는 IRS에 자금 지원이 필요한 이유를 좀 더 자세히 알게 되면서 동료 보수주의자들과 이 사안을 두고 많은 논쟁을 벌였다. 그들은 IRS가 과거에 저지른 잘못을 끄집어내며 이 조직에 발생한 문제를 외면했다. 그런 분위기에서 IRS에 더 많은 예산을 할당해야 한다고 주장하는 일은 동료들에게 변절자 취급을 받기에 딱 좋은 행동이었다. 하지만 찰스는 정확한 사실관계와 치밀한 논리, 성공을 위한 계획을 토론 속에 녹여냄으로써 의견이 다른 사람들과의 대화를 원만하게 이끌어갔다.

나는 찰스의 삶과 행동에 동기를 부여한 요인들을 옆에서 지켜보며 그동안 내가 추구해왔던 목표에 동기를 부여한 요인이 무엇이었는지도 새로운 눈으로 돌이켜보게 됐다. 그 과정에서 깨달은 핵심적인 교훈은 동기가 무엇이든 이를 항상 마음속에 간직하고 살아가야 한다는 것이었다.

명예, 부, 사회적 지위 등을 추구하는 일이 꼭 나쁜 것만은 아니다. 중요한 점은 목표를 늘 가슴 깊이 새기고, 내가 선언한 동기와 실제적인 동기가 일치하는지를 수시로 확인해야 한다는 것이다.

## 39

## 당신의 돈이 수혜자에게 전달되는 모습을 가까운 곳에서 지켜보라

올랜도 브라보, 빌 콘웨이, 댄 다니엘로, 데이비드 루벤스타인

---

"2,000만 달러는 예전처럼 크게 느껴지지 않아요." 나는 칼라일의 홍보부 직원에게 이렇게 말했다. 우리는 데이비드 루벤스타인이 비영리단체에 얼마나 많은 돈을 기부해야 언론 매체들이 관심을 보일지에 대해 고민하고 있었다.

물론 나처럼 롱아일랜드의 중산층 가정에서 어린 시절을 보낸 사람의 입에서 나올 말은 아니다. 하지만 부자들이 점점 더 큰돈을 벌고 그들이 기부하는 돈의 액수도 갈수록 커지는 요즘에는 2,000만 달러라는 거액도 많은 사람을 흥분에 빠뜨리지 않는다. 더구나 억만장자 마이클 블룸버그가 2018년 존스 홉킨스 대학교에 18억 달러를 기부한 일은 세간의 기대치를 한층 높이는 계기가

됐다.

나는 개인적으로 친분이 있는 네 명의 억만장자가 아낌없이 기부를 실천하는 모습을 20년에 걸쳐 경외감에 가득한 눈으로 지켜봤다. 그들의 선물은 노숙자 지원(빌 콘웨이), 국가 기념물 수리(데이비드 루벤스타인), 퇴역군인 지원(댄 다니엘로), 허리케인 이재민 구호(올랜도 브라보)를 비롯해 다양한 형태로 제공됐다.

부자들이 자선사업에 뛰어드는 일은 한편으로 양날의 칼과도 같은 면이 있다. 자기가 쓴 수표 한 장으로 수많은 사람의 운명을 바꿀 수도 있지만, 동시에 그토록 큰돈을 '효과적으로' 기부하기가 대단히 어렵기 때문이다.

2022년 초, 칼라일의 공동 설립자 빌 콘웨이는 개인적으로 20년 정도 투자했던 회사에서 자신의 지분을 매각하고 빠져나왔다. 내가 추정하기로 그가 이 투자를 통해 올린 수익은 최소 수억 달러에 달할 듯했다. 내가 축하의 말을 건네자 그가 이렇게 말했다. "고맙습니다. 이제 이 돈을 기부할 방법을 찾아야 해요."

남들에게 돈을 기부하는 일이 어렵다고 해야 얼마나 어려울까? 하지만 알고 보면 그 작업은 엄청나게 어렵다.

당신이 10억 달러를 기부할 예정이고, 이 돈을 1,000만 달러씩 나누어서 필요한곳에 선물하기를 원한다고 가정해보자. 그 말은 당신의 선물을 받을 기관이나 조직이 100개가 될 거라는 뜻이다. 당신이 다섯 개의 단체를 검토했을 때 평균 한곳 정도가 기부할 가치가 있는 곳으로 판명되면 전체적으로 조사해야 할 단체의 수는 무려 500개에 달할 것이다. 이는 어마어마한 시간과 노력이 드는 일이다.

▶ **자수성가한 부자들은 열심히 노력해서 부를 쌓았기 때문에 자신이 기부한 돈이 좋은 곳에 쓰이기를 원한다.** ◀

물론 행복한 비명이기는 하지만, 그렇다고 아무런 문제가 없다는 말은 아니다. 자수성가한 부자들은 바닥에서부터 열심히 노력해서 부를 쌓았기 때문에 자기가 기부한 돈이 진정으로 좋은 곳에 쓰이기를 원한다. 돈을 어떻게 사용할지 확실치도 않은 단체를 위해 무작정 수표를 쓰고 싶어 하지 않는 건 당연하다.

나는 막대한 부를 지닌 부자들이 큰돈을 기부하는 모습을 오랫동안 지켜보았고 덕분에 자선사업에 대한 어느 정도의 기본 지식을 쌓게 됐다. 그동안 깨달은 자선사업의 네 가지 교훈을 요약하면 다음과 같다.

1. 대상을 좁혀라: 더 적은 수의 단체에 더 많은 돈을 기부하라.
2. 규모가 작은 단체에 기부하라: 작은 연못의 큰 고기가 돼라.
3. 영향력을 발휘하라: 당신의 선물을 지렛대로 삼아 다른 사람들도 기부의 행렬에 동참하도록 독려하라.

4. 사람을 보라: 당신의 돈이 최종 수혜자에게 전달되는 모습을 최대한 가까운 곳에서 지켜보라.

데이비드 루벤스타인은 자선사업에 관한 질문을 종종 받는다. 그는 모든 사람이 각자의 시간, 재능, 돈을 기부하여 어려운 이들을 도와야 한다고 주장한다. 데이비드에 따르면 '자선philanthropy'이란 말은 '인간에 대한 사랑'을 뜻하는 고대 그리스어라고 한다. 단순히 부자가 수표를 쓰는 일과는 아무런 상관이 없는 단어라는 것이다.

데이비드는 자기가 돈을 기부하는 데는 세 가지 이유가 있다고 말한다.

1. 돈을 기부함으로써 실제로 좋은 일을 할 수 있다.
2. 수표를 쓴다고 천국행 차표를 얻지는 못하겠지만 그 기회를 노려보지 못할 이유는 없다.

모든 사람은 저마다 다른 이유로 기부를 실천한다. 데이비드의 경우는 존 F. 케네디의 유명한 연설이 계기가 됐다. "국가가 여러분에게 무엇을 해줄 것인지 묻지 말고, 여러분이 국가를 위해 무엇을 할 것인지를 물어야 합니다." 데이비드에게 국가는 곧 국민이었다. 데이비드는 자신이 평생 다 쓰지도 못할 만큼 많은 돈을 벌자, 그 돈을 기부하기로 마음먹었다.

올랜도 브라보에게 기부에 관한 영감을 불어넣은 사람은 그의 할아버지 라파엘 아얄라였다. 올랜도는 할아버지를 '사람들에게 용기를 주는 지적인 몽상가'라고 불렀다. 라파엘은 쿠바, 미시시피, 푸에르토리코 같은 지역에서 저소득층 서민들을 위해 의료 봉사 활동을 했다. 2017년 허리케인 마리아가 푸에르토리코를 휩쓸고 지나갔을 때 올랜도 브라보가 처음으로 자선활동을 벌인 곳은 공교롭게도 수십 년 전 할아버지가 봉사했던 지역이었다.

허리케인 마리아는 올랜도가 자신의 재산을 좋은 데 써야 한다는 사실을 절실히 깨닫는 계기가 됐다. 재난이 할퀴고 간 지역마다 푸에르토리코에 산적한 문제가 그대로 드러났다. 올랜도는 브라보 가족 재단을 설립하고 이곳에 1억 달러를 기부했다. 그리고 리더십과 창업가 정신을 교육하는 프로그램을 출범시켜 젊고 열정에 넘치는 이 섬의 청년들이 미국 본토로 앞다퉈 몰려들기 전에 먼저 이곳에서 일자리를 만들고 문제를 해결하는 법을 가르쳤다.

"내가 어떤 일을 해야 하는지 깨닫는 데는 조금 시간이 걸렸습니다." 올랜도가 말했다.

"이제는 그 일을 찾아냈나요?" 내가 물었다.

그는 환한 얼굴로 대답했다. "나는 우리가 하는 일에 매우 만족합니다."

내가 기억하는 최초의 자선 사업가는 아버지였다. 아버지는 일요일마다 교회에서 헌금을 하는 이외에도 뉴욕의 집 없는 아이들에게 봉사하는 자선 단체 코버넌트 하우스를 위해 매달 한 번씩 25달러짜리 수표를 썼다. 나는 '우리의' 돈이 모두 우리의 것이 아니라는 사실을 일찌감치 깨달았다.

남들에게 막대한 돈을 베푸는 일을 일상처럼 해내는 사람들 주위에서 오랫동안 머물다 보니, 나 역시 기부를 보여주기식 행사가 아니라 살아있는 동안 끊임없이 지속해야 하는 숨쉬기 같은 행위로 여기게 됐다.

나는 "벌고, 저축하고, 쓴다."라는 삶의 표어에 "기부한다."라는 단어를 하나 더 덧붙였다. 아내 크리스와 나는 워싱턴 DC의 빈곤층 아이들에게 질 높은 교육의 기회를 제공하는 기독교 학교 한 곳에 특히 많은 관심을 쏟고 있다. 우리는 이 학교의 6학년에 재학 중인 크리샤드에게서 매년 손편지를 받는다. 그 아이는 2022년 이런 편지를 보냈다. "당신의 동반자 정신에 감사드립니다. 당신이 해주신 일은 제게 큰 의미가 있습니다." 이런 글을 보면 수표를 쓰는 순간마저 행복해진다.

# 40

## "업무가 아니라, 당신이 어떻게 지내는지 물은 거예요"

빌 콘웨이

"어떻게 지내요?"

"아, 요번에 우리가 항공사를 인수한 일은 곧 언론에 발표할 예정입니다. 그리고 웹사이트 프로젝트는 지금…."

"그게 아니라 '당신이' 어떻게 지내냐고요."

내가 빌 콘웨이와 처음 나눈 대화는 이런 식으로 흘러갔다.

누군가 당신에게 "어떻게 지내요 How are you?"라고 묻는다면, 그건 당신이 어떻게 지내는지 정말로 궁금해서 묻는 게 아니라 "하이 Hi." 내지 "굿모닝 Good Morning."처럼 의례적으로 던지는 인사일 뿐이다. 아니면 당신이 현재 진행 중인 일이 어떻게 돌아가고 있는지 알려달라는 무언의 압박일 수도 있다. 빌이 질문한 의도에 내가 혼란을 느낀 것도 무리가 아니었다.

하지만 빌이 그 인사를 던졌을 때, 그는 내가 어떻게 지내는지를 진심으로 알고 싶어 했다. 다시 말해 대기업의 직원에게서 나올법한 피상적인 답변보다는 좀 더 인간적인 대답을 듣기를 원한 것이다.

"성품은 경험보다 더 중요합니다." 그는 내게 이렇게 말했다. "사람의 성품을 파악하는 일은 어렵지만 그들이 하는 이야기에 잠자코 귀를 기울여보면 곧 알게 됩니다."

수천억 달러의 투자금을 관리하는 업무를 총괄하는 빌이 남들과 대화를 나눌 시간이 늘 넘쳐나는 것은 아니었다. 그와 함께하는 회의는 대개 간결하고 사무적으로 진행됐다. 일은 신속히 처리할수록 더 바람직했다. 하지만 빌은 자신의 책상 옆에 놓인 편안한 의자에 이따금 나를 앉게 했다. 그와 이야기를 나누다 보면 어느덧 다음 회의에 참석할 시간이 돌아왔다. 나는 칼라일에서 18년 가까이 근무하는 동안 그 의자에 20번 정도 앉았다.

▎ **성품은 경험보다 더 중요하다.**
**사람의 성품을 파악하는 일은 어렵지만**
**그들이 하는 이야기에 잠자코 귀를 기울여보면 곧 알게 된다.** ▎

우리의 대화는 신앙, 가족, 개인적 성취, 좋아하는 성경 구절 같은 다양한 주제를 넘나들었다. 나는 칼라일에서 일할 때 빌과 마주 앉아 대화를 나누는 시간을 좋아했다. 그토록 신앙심이 깊고 현명한 가톨릭 신자에게 삶을 배우고 생각을 나눠가질 기회는 그렇게 흔치 않다. 빌은 어떤 사람을 제대로 알기 위해서는 그에 대한 모든 정보를 속속들이 파악할 필요가 있다고 말했다. 그는 어느 동료의 할아버지가 일본인 강제 수용소*에 갇힌 적이 있고, 또 다른 동료는 아버지를 도와 가족 비즈니스를 운영하다가 아버지가 세상을 떠난 뒤에 사업체를 매각했다고 귀띔했다.

한 번은 빌과 대화하다 내 딸 알리디아가 요즘 새를 그리는 데 재미가 들렸다고 말한 적이 있다. 그는 회전의자에 앉은 채 빙글 방향을 돌리더니 저명한 조류 연구가 겸 화가 존 제임스 오듀본의 화집을 책장에서 꺼내 내 딸에게 가져다주라고 말했다. 몇 주 뒤 알리디아는 그 책을 보고 그린 그림 한 점을 액자에 담아 빌에게 선물했다. 빌은 그 그림을 몇 년 동안이나 자기 사무실에 걸어두었다.

나는 누구에게나 자신의 진정한 모습을 보여줘야 한다고 강조한 빌의 말에 깊은 감명을 받았다. 그 덕분에 칵테일파티에서 만난 사람들과 가벼운 대화를 나눌 때도 대화 방법을 바꾸게 됐다. 워싱턴이나 뉴욕에서 열리는 칵테일파티에 참석한 사람들은 처

---

\* 일본의 진주만 공습 후에 미국이 자국 내에 거주하는 일본인 12만 명을 강제로 수용한 장소

음 만난 상대에게 대개 "어떤 일을 하십니까?"라고 묻는다. 물론 상대방이 어떤 일에 종사하는지 알면 그 사람과 나 사이에 어떤 공통점이 있는지 찾아낼 수도 있다. 그러나 한편으로 그 질문은 그 사람에게 내 시간을 들일 가치가 있는지를 판단하는 소셜 스코어* 시스템의 첫 번째 단계이기도 하다.

나 역시 오랫동안 똑같은 의식(상대에게 똑같은 질문을 던지고 똑같은 방식으로 대답하는 의식)을 치렀지만, 어느 순간부터 그런 창의성 없는 대화에 신물이 났다. 그래서 칵테일파티에서 처음 만난 사람이나 입사 면접에 참석한 채용 후보자에게 이렇게 묻기 시작했다. "업무와 상관없이 당신의 특별한 점이나 당신에게 특별한 의미가 있는 것을 말해보세요." 그들 중 40퍼센트 정도는 여전히 업무에 관련된 답변을 하고, 30퍼센트는 자신에게 별로 특별한 점이 없다고 대답한다. 나머지 30퍼센트만이 내 질문의 취지에 맞게 답변한다.

마지막 부류에 속한 사람들과 나누는 대화는 항상 흥미롭다. 그 모든 것의 시작은 빌이 요즘 어떻게 지내냐고 내게 진심으로 질문한 그 순간으로 거슬러 올라간다.

---

\* 어떤 사람이 타인에게 얼마나 큰 사회적 영향력을 발휘하는지를 나타내는 지표

## 나오는 말

# 당신이 삼가야 할 일,
# 그리고 데이비드 루벤스타인의 10가지 메시지

이 책을 처음 쓰기 시작했을 때 임시로 붙인 제목은 《부자들도 감정이 있어요 Rich People Have Feelings Too》였다. 좋은 생각이라고 말하는 사람도 있었고, 그건 좀 아니라고 말하는 사람도 있었다. 모두가 그 제목을 듣고 웃음을 터뜨렸다.

내가 이 글귀를 떠올린 것은 칼라일에서 근무한 지 5년째 되는 2006년의 일이었다. 이 회사는 오늘날까지 재산이 10억 달러가 넘는 억만장자 3명과 수억 달러에 달하는 재산가 20여 명을 배출했고, 그 밖에도 수백 명의 큰 부자를 만들어냈다.

### 따라야 할 것이 있다면, 삼가야 할 것도 있다

나는 이들이 온갖 부귀영화를 누리면서도 삶의 갖가지 우여곡절을 겪는 모습을 가까운 데서 지켜봤다. 그 과정에서 돈이 많고 권력이 강한 사람이라고 해서 좌절감, 고통, 불편함 등을 느끼지 않는 것은 아님을 새삼 알게 됐다. 심지어 어떤 학자들은 부자들이 보통 사람에 비해 행복하지 않다는 연구 결과를 발표하기도 했다. 과거의 직장 상사이자 현재의 고객인 데이비드 루벤스타인도 자기가 아는 부자들 대부분은 행복하지 않으며, 많은 사람이 영혼의 고통에 시달린다고 말했다. 데이비드의 말은 돈이 행복을 보장하지 않는다는 직접적인 경고인 셈이다.

물론 부자들은 믿을 수 없을 만큼 놀라운 혜택을 누린다. 무엇보다 음식, 거주, 의복, 교육, 의료, 노인 돌봄, 육아, 부모 부양, 이동 수단 등 인간에게 가장 기본적인 요소들을 전혀 신경 쓸 필요가 없다. 이는 참으로 큰 축복이다. 보통 사람들은 그런 필요를 충족하는 행위만으로도 많은 경제적 자원을 쏟아붓고 감정을 낭비해야 한다.

이 책의 핵심 메시지는 내가 칼라일을 포함한 여러 직장에서 배운 훌륭한 교훈을 증언하는 내용이 주를 이룬다. 하지만 현실적으로 생각하면 모든 사람은 부의 규모나 사회적 지위와 관계없이 약점도 많고 실패도 종종 경험한다. 나는 여러 사람에게서 얻어낸 긍정적인 교훈에 초점을 맞춰 책을 썼지만, 한편으로 우리가 절대 삼가야 할 일에 대해서도 많은 것을 배웠다. 긍정적인 교훈이 내 삶을 바꿔놓은 것처럼 이 '삼가야 할 일'들도 내가 생각하고 행동하는 방식에 뚜렷한 흔적을 남겼다.

그중 열 가지만 짤막하게 소개한다.

### 1. 자의적으로 생각하지 말라

사실관계와 논리는 중요하다. 이를 외면하는 사람은 낭패를 볼 뿐이다.

### 2. 남을 무시하지 말라

모든 사람이 당신처럼 똑똑하거나 잘난 것은 아니다. 그렇다고 그들을 업신여겨서는 안 된다.

### 3. 피해망상에 빠지지 말라

세상의 모든 관심은 당신에게 집중되지 않는다.

### 4. 불평하지 말라

삶은 공평하지 않다. 문제를 해결하든지 입을 다물든지 둘 중 하나를 선택하라.

### 5. 남을 험담하지 말라

남을 험담하는 순간에는 잠깐 기분이 좋을 수도 있지만, 언젠가는 당신도 험담을 들을 수 있다. 그건 별로 좋은 경험이 아니다.

### 6. 만장일치를 기대하지 말라

대담하고 선구적인 아이디어는 모두를 만족시키는 훈훈한 분위기 속에서 묻혀버리는 법이다.

### 7. 움직임과 발전을 혼동하지 말라

제자리를 뱅글뱅글 돌아도 운동은 된다. 하지만 당신이 설정한 목표에는 한 걸음도 다가가지 못한다.

### 8. 집단에 굴복하지 말라

집단적 사고는 현실적이고, 강력하고, 편안하다. 그러나 대담하거나 과감하지는 않다. 사려 깊고 품위 있게 무리에 대항하라.

### 9. 감정에 좌우되지 말라

끓어오른 열기가 가라앉으면 상황이 더 명료하게 들여다보인다.

### 10. 필요 이상으로 집착하지 말라

어떤 일이든 결과가 좋지 않을 거라고 예상되면 빨리 손을 떼고 손실을 줄여라. 오래 집착할수록 고통만 커지고 결과도 나빠진다.

## 데이비드 루밴스타인의 지혜

더불어 데이비드 루밴스타인이 들려주는 지혜의 말을 보너스로 덧붙인다. 변호사이자 지미 카터 대통령 백악관 국내 정치 보좌관이었으며 칼라일 공동 설립자인 데이비드는 지혜를 생산하는 기계와도 같은 사람이다.

데이비드의 주변에서 오래 생활하거나 그의 연설, 인터뷰, 팟캐스트 방송 등을 들으면 많은 통찰을 얻을 수 있다. 우리가 숙고해야 할 데이비드의 메시지를 덧붙인다.

### 1. 감사하고 칭찬하라

데이비드는 이메일에 짧게 답하는 것으로 유명하다. 그가 이메일에서 가장 많이 사용하는 두 단어는 "오케이$^{OK}$"와 "고맙습니다$^{Thank\ You}$"이다. 또 손편지를 이용해서 사람들에게 수없이 감사와 칭찬의 말을 전한다. 일을 잘 해낸 사람의 공로를 치하하고 고마움의 뜻을 표시하는 일은 당신의 에고를 다스리는 좋은 방법이다. 게다가 조직 구성원들의 충성심을 불러일으키는 길이기도 하다.

### 2. 미리 준비해서 낭패 보는 일이 없도록 하라

큰 노력을 들이지 않고 그럭저럭 인생을 살아가는 것은 그리 어려운 일이 아니다. 생계를 잇는 데 필요한 최소한의 수입만으로 하루를 버텨나가는 사람들도 있다. 하지만 데이비드는 그런 사람이 아니다. 그는 백악관에서 근무할 때 하루 18시간을 일에 매달렸고 4년간 휴가도 가지 않았다. 그 후 칼라일을 설립할 때도 준비, 출장, 영업, 투자 같은 업무에 막대한 시간을 쏟아부었다. 오늘날 데이비드는 가장 유명한 인터뷰 진행자 중 하나다(블룸버그 TV와 PBS에서 여러 프로그램을 진행하고 있다). 그는 방송을 준비할 때마다 출연자가 쓴 글을 포함해 그날의 토론 주제에 관한 모든 글을 샅샅이 읽는다. 덕분에 메모를 들여다보지 않고도 시청자들에게 즐거움을 안겨주는 수준 높은 인터뷰 방송을 진행할 수 있다. 집중적인 준비는 지루하고 외로운 작업이지만, 훌륭한 성과의 바탕이 된다.

### 3. 너무 일찍 정상에 오르지 말라

데이비드는 고등학교와 대학교에 다닐 때 성적은 괜찮았지만 그렇게 눈에 띄는 학생은 아니었다. 운동에서도 별로 두각을 나타내지 못했고, 무도회의 스타도 아니었다. 그가 최고였다고 내세울 만한 것은 별로 없었다. 다시 말해 데이비드는 삶의 첫 번째 '3분의 1'을 평범하게 보냈다. 그가 놀라운 성공을 거둔 시기는 두 번째와 세 번째의 '3분의 1'이었다. 첫 번째 3분의 1 이후에 무엇이 달라진 걸까?

데이비드는 자신의 강점, 약점, 차별점을 파악했으며 자기가 무엇에 마음이 이끌리고 세상이 어떻게 돌아가는지도 알게 됐다. 그중에서도 가장 중요한 대목은 일을 제대로 해내는 방법을 터득했다는 것이다. 그렇다고 인생의 첫 번째 3분의 1은 힘들여 노력할 필요가 없다는 뜻은 아니다. 첫 번째 3분의 1에서 성공하는 일도 당연히 바람직하고 권장할 만하다. 하지만 이는 삶의 후반기에서 성공을 거두기 위한 몸풀기에 불과하다.

인생은 장기전이다. 꾸준히 노력하되 너무 일찍 정상에 올라 샴페인을 터뜨리지 말라!


### 4. 이끌고 싶다면 소통하라

훌륭한 리더는 타인을 설득해서 행동을 유도하는 데 능하다. 사람들에게 비전을 제시하는 일도 중요하지만, 그들을 특정한 일자리나 대의大義 앞에 몰려들게 하는 것은 강력한 소통의 기술이다.

데이비드는 직원을 채용할 때 말하기와 쓰기 능력이 좋은 사람에게 높은 점수를 준다. 두 가지 모두 사람들을 설득하는 데 핵심적인 수단이다. 좋은 리더는 글과 말을 사용해서 목표를 정의하고, 전략을 설명하고, 분위기를 띄우거나 진정시키고, 잘한 일을 칭찬하거나 잘못된 점을 지적하고, 조직이 나아갈 방향을 제시한다. 소통이 효과적이지 못한 사람은 그중 어떤 일도 제대로 해내지 못한다. 따라서 우리는 글과 말을 활용한 소통의 기술을 개선하는 데 가장 높은 우선순위를 둘 필요가 있다.

업무를 위해서든 개인적 만족감을 위해서든 늘 글을 쓰고 (일기, 시, 심지어 편집자에게 보내는 편지까지), 처음에는 겁이 나더라도 대중 앞에서 연설할 기회를 모색하라.

### 5. 부모님 뜻에 얽매이지 말고 스스로 성공하라

성공이라는 목표에만 정신이 팔려 과정을 무시하는 사람은 너무도 많다. 이는 마차를 말 앞에 세우는 일과 다를 바가 없다. 진정한 성공이란 당신이 평상시 일에 쏟아부은 열정의 결과물일 뿐이다. 데이비드는 직원 단합대회나 파트너 회의에서 칼라일의 직원들에게 끝없이 이런 신념을 불어넣었다. 또 회사 바깥에서 만난 젊은 직장인들에게는 이렇게 덧붙이기도 했다. "부모님을 행복하게 만들어드리는 일이 아니라 본인이 행복한 일을 하세요. 당신이 어떤 일을 진정으로 좋아한다면, 그건 이제 업무가 아닙니다. 그런 일을 해야만 성공이 따라옵니다."

### 6. 사소한 일은 위임하라

우리는 모두 편견도 있고 강점도 있다. 예를 들어 데이비드는 숲을 바라보고 나는 나무를 바라보는 편이다. 언젠가 외부 업체가 참여한 프로젝트를 관리할 때 나는 사소한 일 하나를 꼭 내 뜻대로 처리해야 한다고 고집을 부렸다. 데이비드는 내 생각이 옳다고 인정하면서 이렇게 말했다. "사소한 일은 그 사람들에게 맡깁시다." 대단치도 않은 일에 신경을 쓰기보다는 큰일을 제대로 해내는 데 집중하라는 것이다. 이 말은 데이비드의 독창적인 조언이 아니었지만 내게 큰 영향을 끼쳤다. 에고와 불안감, 독선적인 마음은 일을 어렵고 복잡하게 만든다.

### 7. 담보 대출은 가능한 한 상환하라

내가 데이비드에게 우리 집의 담보 대출을 갚아버리는 편이 유리한지 물었을 때, 그는 반드시 그래야 한다고 말했다. "하지만 담보 대출이 있으면 세금을 절약할 수 있잖아요?" 내가 다시 물었다. "그렇지요. 담보 대출에는 세금 혜택이 따라옵니다. 하지만 대출을 모두 갚으면 돈으로 따지지 못하는 큰 혜택을 얻을 수 있어요. 이제 이 집이 온전히 내 것이 됐다는 심리적 안도감이죠." 데이비드는 이렇게 대답했다.

2006년 나는 아내와 함께 우리 집의 담보 대출을 모두 상환했다. 그로 인한 만족감과 안정감은 생각보다 훨씬 컸고, 우리는 지금까지 그 기분을 마음껏 누리고 있다.

### 8. 부모님을 도우라

형제자매 없이 외아들로 자라난 데이비드 루벤스타인은 부모님이 세상을 떠나는 순간까지 두 분을 극진히 보살폈다. 우리는 신문이나 잡지에 데이비드와 관련된 기사가 나오면 그의 부모님에게 전해드리기 위해 따로 한 부를 모아두곤 했다.

한때 나는 과거의 사소한 오해나 실망으로 인해 부모님에게 화가 나서 두 분에 대한 경제적 지원을 망설인 적이 있다. 데이비드는 주기적으로 내 부모님의 안부를 물으며 나를 부드럽게 달랬다. 그는 인생은 짧고 내게는 경제적 능력이 있으니, 부모님을 도와드린 일을 절대 후회하지 않을 거라고 말했다. 그래서 나는 마음을 고쳐먹었다. 데이비드의 말은 결국 옳았다.

### 9. 근면한 노력과 좋은 성품은 두뇌를 이긴다

천재는 사절이다. 데이비드도 인재를 고를 때 경력이 좋고 우수한 학교를 나온 사람을 선호하는 편이지만, 천재를 채용하면 오히려 득보다 실이 많다는 사실을 뼈아픈 실수를 통해 배웠다. 지나치게 똑똑한 사람은 관리하기가 어렵고 기업이라는 환경에서 꼭 성공한다는 보장도 없다. 비슷한 맥락에서 성격이 어질기만 한 사람은 함께 일하기는 좋아도 꼭 능력이 출중하지는 않다.

데이비드가 40여 년의 사회 경험을 통해 깨달은 사실은 평균 이상의 지적 능력을 갖추고 남보다 열심히 일하는 사람이 최고의 직원이라는 것이다.

### 10. 나다운 것이 최선이다

스피치 코치에게 데이비드 루벤스타인의 연설 스타일을 이야기하면, 그 코치는 "아니야, 아니야, 아니야."라고 연신 손을 내저을 것이다. 데이비드는 말이 빠르고, 상대방의 눈을 바라보지도 않으며, 뜬금없는 농담을 던지기를 좋아한다. 무대에서도 자세가 뻣뻣한 편이고, 말하는 톤도 단조롭다. 그런데도 사람들은 그를 연설자로 모시기 위해 늘 줄을 선다.

홍보 컨설턴트는 자신의 고객들이 무대에서 '진솔한' 모습을 보여주기를 기대하면서도 그들의 연설 스타일을 자기가 제작한 틀 속에 끼워 맞추려고 애쓴다. 말하자면 거친 표면을 부드럽게 다듬고 굴곡진 선을 똑바로 펴기 위해 노력하는 것이다. 얼마나 쓸모없는 짓인가. 나도 데이비드를 처음 만났을 때 그를 '제대로 된' 연설자로 만들어내기 위해 노력한 코치 중 한 사람이었다. 하지만 데이비드가 데이비드다운 모습(유익하고, 평범한 언어를 사용하고, 재미있는 모습)을 보이는 데서 그의 가장 큰 강점이 발휘된다는 사실을 깨달았다.

지금까지 책에서 소개된 부자들의 과감하고 놀라운 행동을 독자 여러분이 즐겁게 감상했기를 바란다. 부자들에게 감정이 있든 말든 여러분은 큰 관심이 없겠지만, 그런데도 그들에게는 배울 점이 한둘이 아니다. 내가 이 사람들 옆에서 함께 일하는 동안 배우고 익힌 교훈들은 내 삶의 행로를 완전히 바꿔놓았다. 부자들도 완벽함과는 거리가 먼 사람들이지만(여러분도 그렇고 나도 그렇다), 그들은 항상 탁월한 실적을 생산하는 방식으로 생각하고 행동한다.

다행스러운 사실은 그런 삶의 방식이 전혀 비밀스럽지 않고 그렇게 살아가는 데 초인적인 능력이 필요치도 않다는 것이다. 우리가 책에서 다룬 교훈은 가장 기본적인 원칙들로 요약된다. 미적분 같은 고등수학을 풀거나 마라톤처럼 힘들게 노력해야 이해할 수 있는 게 아니다. 그저 규칙을 철저히 지키고, 혁신적으로 사고하고, 용기를 발휘하라는 것이다.

## 네 명의 억만장자를 포함한
## 14명의 거인과 한 명의 주차관리원

**존 케이식**
John R. Kasich

**아서 래빗**
Arthur Levitt

**미치 다니엘스**
Mitch E. Daniels, Jr.

**데이비드 루벤스타인**
David M. Rubenstein

**윌리엄 콘웨이**
William E. Conway, Jr.

**댄 다니엘로**
Daniel A. D'aniello

**존 해리스**
John F. Harris

**윌리엄 케너드**
William E. Kennard

**다니엘 애커슨**
Daniel F. Akerson

**루이스 거스너**
Louis V. Gersntner, Jr.

**글렌 영킨**
Glenn A. Youngkin

**아데나 프리드먼**
Adena T. Friedman

**살레 아울레시드**
Saleh Awolreshid

**올랜도 브라보**
Olando Bravo

**찰스 로소티**
Charles O. Rossotti

## 관계의 매트릭스

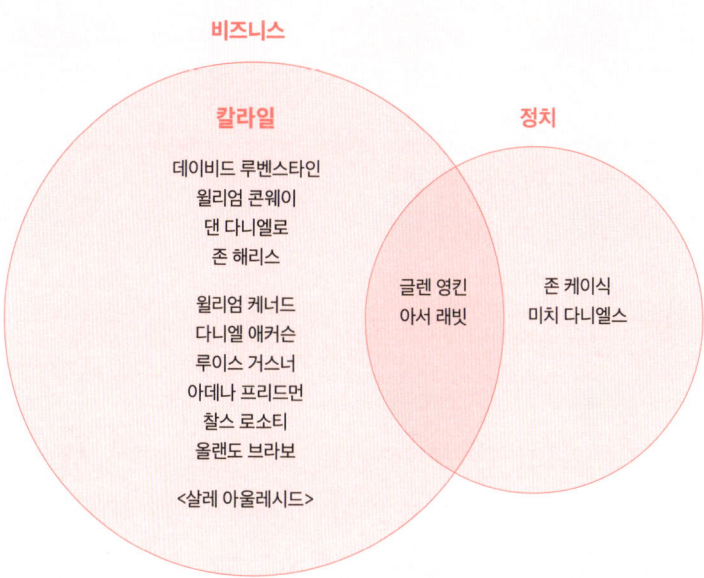

책 제목에 나오는 네 명의 억만장자를 포함해 40개의 일화에서 만난 14명의 인물은 대기업의 수장, 정부 기관의 고위 관료, 탁월한 투자자 등 다양한 분야를 대표하는 사람들이다. 이들은 각자의 분야에서 업을 이룬 거인들이다. 대부분은 칼라일에서 일하는 동안 알게 됐으며, 그중에서도 내가 칼라일에서 처음 만난 사람들은 이 회사의 공동 설립자 세 명, 즉 데이비드 루벤스타인, 빌 콘웨이, 댄 다니엘로였다.

나는 다음과 같은 5개 조직에서 홍보 보좌관, 홍보실장, 홍보 이사, 컨설턴트 등의 경력을 거치며 조직의 '목소리'가 되어 이 14명의 인물과 긴밀하게 일했다.

- 미 하원 예산위원회
- 미국 증권거래위원회
- 백악관 예산관리국
- 칼라일
- 토마 브라보

그토록 엄청난 부와 권력을 가진 인물도 많은 면에서 보통 사람과 다름없이 행동한다. 다만 그들은 한 번에 더 많은 일을, 더 정밀하게, 더 집중적으로 해낼 뿐이다. 그것이 바로 성공의 비밀이다.

그렇다면 주차관리원은 이 사람들과 무슨 관계가 있는 걸까? 살레는 내 마음속에 들어온 것과 똑같은 방식으로 이 책 속에 들어왔다. 항상 행복하고, 배려심이 깊고, 진실한 살레는 인간의 지혜가 부자와 권력자들의 전유물이 아님을 깨우쳐주었다.

나는 큰 성공을 거둔 인물들의 생각과 행동을 내 삶에 스스로 적용하면서 직업적으로 성공했고, 개인적으로 성취감을 느꼈으며, 인간적으로 더 관대한 사람이 될 수 있었다. 쉽게 말해 그들은 나를 마이너리그에서 메이저리그로 끌어올려주었다. 또 다르게 표현하자면, 신이 내게 부여한 잠재력과 가능성에 더 가까이 다가설 수 있게 해주었다. 여기서 '더 가까이'라는 표현을 쓴 이유는 내가 삶의 궁극적인 목표에 도달하기 위해 이 순간에도 부단히 노력하고, 관찰하고, 성장하는 순례자이기 때문이다.

나는 세상에서 숨이 다하는 날까지 계속 발전할 수 있기를 바란다. 내가 거둔 모든 성공은 창조주, 가족, 친구들 덕분이다. 이들을 매일 가까운 곳에서 관찰한 뒤에 내 삶의 행로는 완전히 바뀌었다.

### 존 케이식 John R. Kasich
- 경력: 미 하원 예산위원회 의장 / 오하이오주 주지사 / 미국 대통령 후보
- 함께 일한 시기: 1995~1996
- 나의 역할: 미 하원 예산위원회 홍보 이사

1995년 하원 예산위원회 의장으로 처음 선임된 공화당 소속의 존 케이식은 오늘날 워싱턴 DC에서 가장 영향력 있는 인물 중 하나이다. 텁수룩한 갈색 머리카락에 컨버스 올스타 농구화를 즐겨 신던 존은 사람들이 전형적으로 생각하는 근엄하고 고지식한 위원회 의장의 모습이 아니었다. 그는 유행에 민감했고, 구구돌스, 그레이트풀 데드 같은 가수의 팬이기도 했다.

하지만 존이 더욱 열정을 기울인 대상은 미국의 재정을 신중하게 관리하고 균형 잡힌 예산을 편성하는 일이었다. 미국은 그의 대담하고 단호한 노력 덕분에 1998년~2001년 4년 동안 수입과 지출의 균형을 맞출 수 있었다. 존은 2001년 의사당을 떠난 뒤에 월스트리트에 진출해 리먼 브라더스에서 일하고, 책을 저술하고, 〈폭스 뉴스〉에서 프로그램 진행자로 활약했다. 그 뒤 오하이오주의 주지사로 두 차례 임기를 지냈으며 나중에는 미국의 대통령 선거에 출마하기도 했다. 아쉽게도 그의 마지막 경력은 그렇게 성공적이지 못했다.

### 아서 래빗 Arthur Levitt

- 경력: 미국 증권거래소 의장 / 뉴욕시 경제개발 코퍼레이션 의장 / 미국 증권거래위원회 의장 / 블룸버그 이사회 멤버
- 함께 일한 시기: 1997~2015
- 나의 역할: 미국 증권거래위원회 홍보 이사 / 칼라일 글로벌 커뮤니케이션 이사

내가 민간 부문에서 일할 생각으로 국회의사당을 떠난 지 얼마 후에 정부 기관에서 다시 구애의 손길을 보냈다. 1997년의 어느 날 친구 한 명이 전화를 걸어 미국 증권거래위원회 의장인 민주당 소속의 아서 래빗이 새로운 대변인을 찾는다고 말했다.

내가 말했다. "두 가지 문제가 있어. 첫째, 나는 공화당원이고, 둘째, 주식이나 채권은 아무것도 몰라."

친구가 대답했다. "그건 상관없어. 그래도 아서가 너를 만나고 싶어 해."

아서와 나는 처음 만난 순간부터 죽이 맞았다. 나는 2001년 조지 W. 부시가 대통령에 당선되고 아서가 증권거래위원회를 떠날 때까지 그곳에서 줄곧 홍보 이사로 일했다. 앞으로 차차 이야기하겠지만, 아서는 내 개인적 삶과 경력에 큰 영향을 미친 인물이다. 그는 인간적으로 훌륭한 사람이고, 위대한 공직자이며, 인자한 아버지이고, 다정한 친구다. 2023년에 92세가 된 아서는 여전히 왕성한 노익장을 과시하고 있다. 신이 그를 계속 축복하기를.

## 미치 다니엘스 Mitch E. Daniels, Jr.

- 경력: 미 예산관리국 이사 / 인디애나주 주지사 / 퍼듀 대학교 총장
- 함께 일한 시기: 2001
- 나의 역할: 미 예산관리국 홍보 이사

내가 클린턴 행정부에서 정무직으로 일했는데도 부시 행정부는 2001년 미 예산관리국(다른 말로 백악관 예산관리국)의 대변인으로 나를 채용했다. 내 임무는 부시 대통령이 첫 번째 예산안을 수립

하는 작업을 지원하고, 예산관리국 이사인 미치 다니엘스가 정부의 예산안을 외부와 소통하는 일을 돕는 것이었다.

미치는 체격이 그리 크지 않았지만, '두뇌 대 신체'의 비중을 따졌을 때 두뇌 쪽이 훨씬 발달한 인물이었다. 그는 이 조직에서 일할 시간이 얼마 남지 않았음을 알았다. 그동안 자신의 영향력을 최대한 발휘하기 위해 신속하게 움직였다. 나는 그와 함께 10개월을 일한 뒤에 민간 부문으로 되돌아갔다.

미치는 그 뒤로도 1년 6개월을 백악관에서 더 일하고 인디애나주의 주지사로 당선되어 두 번의 임기를 채웠다. 한때는 대통령 선거에 출마하는 일을 잠깐 고민해보기도 했지만, 결국 학계에 남는 길을 택했다. 그는 퍼듀 대학교의 총장으로 11년간 근무한 뒤 2022년 12월 은퇴했다.

### 데이비드 루벤스타인 David M. Rubenstein
- 경력: 변호사 / 지미 카터 대통령 백악관 국내 정치 보좌관 / 칼라일 공동 설립자, 공동 CEO, 공동 의장
- 함께 일한 시기: 2001~현재
- 나의 역할: 칼라일 글로벌 커뮤니케이션 이사 / 울만 커뮤니케이션

데이비드 루벤스타인은 다채로운 성향의 인물이다. 내가 만난

중에 가장 생산성이 높은 사람인데도 결코 만족하는 법이 없고 쉴 새 없이 움직인다. 게다가 좀처럼 감정을 드러내지 않으며, 성격이 복잡하고, 마음속을 헤아리기가 어렵다. 사람을 개인적으로 대할 때는 겸손하고 수줍은 모습을 보이다가도 대중 앞에서 연설할 때는 언제 그랬냐는 듯이 뛰어난 입담으로 목소리를 높인다.

그 밖에도 데이비드를 표현할 말은 수없이 많다. 데이비드를 흉내 낼 수 있는 사람은 세상에 없다. 지금도 없고 앞으로도 없을 것이다. 나는 데이비드와 함께 22년을 일한 뒤에야 비로소 그를 조금쯤 알 것 같은 느낌이 들었다. 하지만 이를 말로 표현하기는 어렵다. 지금도 데이비드 앞에서는 항상 정신을 바짝 차려야 한다.

**윌리엄 콘웨이** William E. Conway, Jr.
- 경력: MCI 최고 재무 책임자(CFO) / 칼라일 공동 설립자, 공동 CEO, 공동 의장
- 함께 일한 시기: 2001~현재
- 나의 역할: 칼라일 글로벌 커뮤니케이션 이사 / 울만 커뮤니케이션

나는 윌리엄(빌) 콘웨이를 좋아한다. 내게는 마치 아버지와 같은 사람이다. 데이비드 루벤스타인 역시 내가 좋아하는 사람이지만, 그와는 감정적으로 연결되어 있다기보다는 그의 지적인 능력을 존경하는 마음이 더 크다. 빌과 나는 칼라일에 대해서는 별로 이야

기하지 않는다. 그때나 지금이나 대화 주제는 가족, 가톨릭교회에서의 신앙생활, 신의 무한한 축복을 향한 감사함 같은 것들이다. 빌은 세계 최고의 투자자 중 한 명이지만, 사람을 머리로 믿기보다 마음으로 믿는다.

### 댄 다니엘로 Daniel A. D'aniello
- 경력: 메리어트 코퍼레이션 수석 임원 / 칼라일 공동 설립자, 공동 CEO, 공동 의장
- 함께 일한 시기: 2001~2019
- 나의 역할: 칼라일 글로벌 커뮤니케이션 이사

댄 다니엘로는 평화의 중재자다. 칼라일의 직원들은 댄이 데이비드와 빌 사이에서 다리를 놓고 담장을 허물지 않았더라면 회사가 지금까지 유지되지 못했을 거라고 공공연히 이야기한다.

댄은 데이비드처럼 칼라일을 대표하는 인물이다. 대중 앞에 나서거나 빌처럼 최고 투자 책임자 자리를 맡는 대신 상대적으로 눈에 덜 띄는 곳에서 칼라일을 하루하루 운영하고 있다. 댄은 세 명의 공동 설립자 중 유일한 공화당원으로 나와 함께 오랜 시간을 보내며 정치에 관해 이야기하고 자선 활동을 주제로 많은 대화를 나누었다.

데이비드만큼 언론의 플래시 세례를 받지는 못하지만, 댄 역시 가톨릭교회(특히 수녀 수도회), 자신의 모교(시러큐스 대학), 예술계, 정신 건강 관련 분야 등에 많은 돈을 기부하고 있다. 그는 칼라일과 미국을 깊이 사랑하는 결단력 강한 리더다.

### 존 해리스 John F. Harris
- 경력: 아서 앤더슨 수석 임원 / 칼라일 최고 재무 책임자(CFO) 겸 파트너
- 함께 일한 시기: 2001~2010
- 나의 역할: 칼라일 글로벌 커뮤니케이션 이사

내가 칼라일에서 처음 일했던 몇 년 동안 내 방은 다행히도 존의 사무실 바로 옆에 있었다. 나는 걸핏하면 그의 방을 방문해서 멍청한 질문을 수없이 쏟아냈다. 나중에 알게 된 사실이지만 존은 회사에서 각종 정보의 진원지 역할을 맡고 있었다. 동료 직원들은 직급을 가리지 않고 그의 방을 문턱이 닳도록 드나들며 온갖 정보를 전달했고, 그에게 정보를 전해 들었다. 나는 그토록 풍부한 정보의 수혜자가 되어 진심으로 다행스럽게 생각한다. 직원들은 존을 기다리다 내 방으로 고개를 밀어 넣고 인사를 건네곤 했다. 덕분에 나는 이 복잡한 투자회사에서 동료들과 빠르게 친해질 수 있었다.

존은 잘 훈련된 회계사였을 뿐 아니라, 칼라일이라는 조직과 개인적 삶에서 올바른 길을 찾으려고 노력하는 많은 사람의 리더이자 멘토였다.

### 윌리엄 케너드 William E. Kennard

- 경력: 미국 연방 통신위원회 의장 / 칼라일 상무 이사 / 주(駐) 유럽연합 미국 대사 / AT&T 이사회 의장
- 함께 일한 시기: 2001~2009
- 나의 역할: 칼라일 글로벌 커뮤니케이션 이사

내가 2001년 칼라일에 입사했을 때 윌리엄(빌) 케너드는 나보다 몇 개월 앞서 회사에 합류한 선배 임원이었다. 우리는 처음 만난 순간부터 금방 친해졌다. 나처럼 연방 정부를 떠나 월스트리트의 투자회사로 자리를 옮긴 사람을 만나게 되니 편안하고 반가운 마음이 들었다. 우리는 같은 길을 걷고 있었지만 이제 목적지가 바뀌었다. 예전에는 미국의 시민을 위해서 봉사하는 역할을 맡았다면, 이제는 부유한 사람들과 전 세계의 공공 연금 가입자들을 대신해서 그들이 맡긴 돈을 현명하게 투자하고 가치를 창출하는 일을 해야 했다.

훌륭한 성품을 지닌 빌은 금세 내가 신뢰하는 조언자이자 친구

가 됐다. 그가 유럽연합 주재 미국 대사로 임명되면서 회사를 떠나게 되어 아쉬웠지만, 우리의 우정은 그 뒤로도 더욱 돈독해졌다.

### 다니엘 애커슨 Daniel F. Akerson

- 경력: MCI 사장, 최고 운영 책임자(COO), 최고 재무 책임자(CFO) / 제너럴 인스트루먼트 CEO / 넥스텔 CEO / XO 커뮤니케이션 CEO / 칼라일 글로벌 인수 담당 의장 / 제너럴 모터스 CEO / 칼라일 수석 고문
- 함께 일한 시기: 2003~2010, 2014~2015
- 나의 역할: 칼라일 글로벌 커뮤니케이션 이사

오랜 시간 여러 분야에서 출중한 경력을 쌓아 올린 다니엘(댄)은 구체적인 업무도 부여받지 않은 채 칼라일에 합류했다. 댄과 빌 콘웨이는 1980년대 초 미국의 통신기업 MCI에서 함께 일한 적이 있다. 댄은 칼라일에 자리를 잡자마자 글로벌 인수 부문의 수장 자리에 오르고 집행 위원회에서 활동했다.

 댄과 나는 오랜 시간을 함께 보내며 삶에 대해 많은 이야기를 나누었다. 댄이 워낙 다양한 주제에 대해 폭넓은 의견을 지닌 사람이다 보니 나는 대부분 듣는 쪽이었다. 겉으로는 강인해 보이는 스타일이지만 나는 그의 따뜻한 면모를 잘 알고 있다. 가족과 이 나라를 무척 사랑하고 신앙심도 깊은 댄은 내게 깊은 감명을 안겨

주었다. 댄의 아내는 암으로 몇 년간 고생하다 결국 세상을 떠났다. 나는 그가 아내를 잃어가는 모습을 숙연한 마음으로 지켜보면서 내 아내를 더 사랑하게 됐다. 댄에게 감사드린다.

### 루이스 거스너 Louis V. Gersntner, Jr.
- 경력: RJR 나비스코 CEO / IBM CEO 겸 의장 / 칼라일 의장
- 함께 일한 시기: 2003~2016
- 나의 역할: 칼라일 글로벌 커뮤니케이션 이사

2003년, 루이스(루) 거스너는 칼라일의 이사회 의장으로 취임했다. 그는 이곳에 오기 전까지 IBM에서 CEO 겸 이사회 의장으로 근무했다. 루가 칼라일에 합류한 일은 우리에게 꽤 획기적인 사건이었다. 그동안 우리가 채용한 임원 대부분이 정계나 정부 기관의 경력을 지닌 인물이었다면, 그는 순수하게 기업계의 경력만을 보유한 첫 번째 임원이었다. IBM을 파산의 위기에서 건져내어 영광의 날로 되돌린 장본인인 루는 20세기의 가장 위대한 CEO 중 한 사람으로 꼽힌다. 모든 사람이 그를 '미스터 거스너'라고 불렀다.

그는 기업계의 귀족 같은 사람이었으며 모두가 우러러보고 존경하는 인물이었다. 사람들은 그가 뭔가를 이야기할 때 목을 길게 빼고 한마디도 놓치지 않으려고 주의를 집중했다. 나는 루와 개인

적으로 대화를 나눈 적이 많지는 않지만, 그와 마주친 모든 순간을 소중하게 생각했다.

### 글렌 영킨 Glenn A. Youngkin

- 경력: 칼라일 제조 부문장, 최고 재무 책임자(CFO) 대리, 최고 운영 책임자(COO), 공동 CEO / 버지니아주 주지사
- 함께 일한 시기: 2001~2021
- 나의 역할: 칼라일 글로벌 커뮤니케이션 이사 / 울만 커뮤니케이션

현재 버지니아주의 주지사로 재임 중인 글렌 영킨은 우리가 칼라일에서 18년 동안 함께 일할 때 그냥 내 동료 '글렌'이었을 뿐이다. 우리가 주기적으로 교류하기 시작한 것은 그가 런던에서 근무하다 미국으로 돌아온 뒤부터였다. 글렌은 정보를 모으고, 처리하고, 배분하는 데 천재적인 능력을 지닌 인물이었다. 그가 칼라일의 사장 겸 최고 운영 책임자가 되자 우리가 교류하는 시간은 더 늘어났다. 글렌이 이규성과 함께 칼라일의 공동 CEO로 승진한 뒤에 나는 두 사람과 2년 가까이 더 일하다가 홍보 자문 회사를 설립하기 위해 칼라일을 떠났다.

글렌의 재능은 타의 추종을 불허한다. 나는 리치먼드의 주지사 저택이 공직자로서 그의 마지막 거주지가 되지 않으리라고 확신한다.

### 아데나 프리드먼 Adena T. Friedman

- 경력: 나스닥 CFO 겸 기업 전략 담당 수석 부사장 / 칼라일 CFO / 나스닥 사장 겸 CEO
- 함께 일한 시기: 2011~2014
- 나의 역할: 칼라일 글로벌 커뮤니케이션 이사

2011년 아데나가 칼라일에 합류한 일은 조직 내에 개인적 역량을 강조하면서도 인간적인 분위기를 불어넣는 계기가 되었다. 따뜻하고 다가가기 쉬운 성격에 늘 자신감이 넘치던 아데나는 최고 재무 책임자의 역할을 성공적으로 수행했을 뿐 아니라 칼라일을 증권시장에 상장시키기 위한 준비 과정을 도맡아 처리했다.

아데나는 사무실 바깥에서도 전문가로서의 기량을 아낌없이 발휘했다. 우리가 워싱턴의 어느 이너시티* 고등학교에서 청소년 육성회** 과정을 함께 진행할 때, 그녀는 마치 기업 공개[IPO] 행사에 참석해서 월스트리트의 임원들을 상대하듯 아이들을 편안하게 대하는 모습을 보였다. 앞으로 아데나의 행보를 주의 깊게 관찰할 필요가 있다. 훌륭한 리더로서 성공적인 경력을 이어갈 인물이다.

---

\* 대도시 중심부의 낙후된 지역
\*\* 국제적인 비영리단체로 자원봉사자들을 모집해서 청소년들에게 금융 지식이나 기업가 정신을 가르치고 사회 경력을 준비시키는 모임

## 살레 아울레시드 Saleh Awolreshid

- 경력: 워싱턴 DC 원 파킹 주차장 주차관리원
- 함께 일한 시기: 2016~2019
- 나의 역할: 주차장 고객

나는 2016년 펜실베이니아 애비뉴에 있는 칼라일 본사의 주차장에서 살레 아울레시드를 처음 만났다. 그가 내 눈에 띈 이유는 자신의 멋진 차에서 내려 화려한 사무실로 걸어 들어갔기 때문이 아니라, 내 차를 대신 주차해주었기 때문이다. 그는 주차관리원이었다. 마르고, 머리가 벗어지고, 호감 가는 미소를 지닌 살레는 나와 단박에 친해졌다.

에티오피아 출신의 그는 훌륭한 성품과 낙관적인 사고방식의 전형을 보여주는 사람이다. 비록 돈이 많거나 힘이 강하지는 않지만, 살레의 풍요로운 정신과 따뜻한 마음은 내 삶을 바꿔놓았고, 그에게 이 책의 한 부분을 마련해주었다.

## 올랜도 브라보 Olando Bravo

- 경력: 토마 브라보 LP 설립자 겸 수석 파트너
- 함께 일한 시기: 2019~현재
- 나의 역할: 울만 커뮤니케이션

2018년 나는 내 회사를 설립하기 위해 칼라일을 떠날 준비를 하던 도중 올랜도 브라보를 만났다. 그는 기업용 소프트웨어 산업에 특화된 사모펀드 토마 브라보의 수석 파트너였다. 올랜도는 푸에르토리코 출신의 미국인 중에서는 첫 번째이자 유일한 억만장자였다.

토마 브라보는 이미 성공적인 실적을 올리던 사모펀드였지만, 내가 이 회사의 홍보 전략을 수립하기 위해 처음 일하기 시작했을 때만 해도 업계에 이름이 잘 알려지지 않았다. 그때 이후로 이 회사는 굵직굵직한 거래에 줄줄이 뛰어들고, 큰 규모의 투자금을 조달하고, 월스트리트에서 명성을 얻기 시작했다. 뛰어난 두뇌, 복잡한 주제를 쉽게 이해하는 재능, 쾌활하고 역동적인 영혼을 지닌 올랜도는 옆에 있는 사람들을 항상 즐겁게 해준다. 그는 겸손하고, 유행에 밝고, 어떤 일이든 제대로 해내고자 하는 의욕에 넘치는 사람이다. 아직은 올랜도를 알게 된 지가 얼마 되지 않았지만, 앞으로도 그와 함께 오래도록 일할 수 있었으면 한다.

## 찰스 로소티 Charles O. Rossotti

- 경력: 아메리칸 매니지먼트 시스템 CEO / 미국 국세청장 / 칼라일 수석 고문
- 함께 일한 시기: 2001~현재
- 나의 역할: 칼라일 글로벌 커뮤니케이션 이사 / 울만 커뮤니케이션

찰스 로소티와 나는 칼라일에서 16년 동안을 함께 근무했는데도 업무적으로 마주칠 기회가 그리 많지 않았다. 내가 2019년 칼라일을 떠나 홍보 대행사를 세우자 찰스는 나를 대외 홍보 컨설턴트로 고용해서 자신의 특별한 프로젝트를 돕게 했다. 그가 추진 중이던 프로젝트의 목표는 의회를 설득해서 미국 국세청$^{IRS}$의 현대화 작업을 위한 장기적 예산을 확보하는 것이었다.

찰스와 함께 일하는 시간은 모든 면에서 즐거웠다. 그는 누구에게 공이 돌아갈지를 따지기보다 자신의 사명을 완수하는 데만 노력을 집중했다. 81세라는 나이를 생각하면 일에서 손을 떼고 느긋하게 쉬면서 여행을 다닐 수도 있었겠지만, 그는 IRS를 붕괴의 위험에서 건져내기 위해 자신의 돈과 시간을 바쳐 헌신적으로 일했다. 찰스는 유니콘처럼 특별하고 뛰어난 사람이다.

## 감사의 말

내 사랑하는 신부이자 충실한 아내 크리스틴의 도움이 없었다면 이 책을 쓰기는 불가능했을 것이다. 지난 5년 동안 이 출판 프로젝트를 향한 열정에 줄곧 활기를 불어넣은 그녀의 독려, 인내, 피드백에 감사한다. 또 지난 몇 년간 거의 매주 한 번 이 책이 어떻게 되어가느냐고 물으면서 나를 조심스럽게 격려해준 내 친구 말론 마틴에게도 감사드린다.

이 책의 출판을 맡아준 나렌 아리얄의 친절한 안내와 지원에도 사의를 표한다. 편집자 브랜든 카워드와 재커리 그레샴도 능숙한 일솜씨와 날카로운 눈으로 책의 품질을 높여주었다. 두 사람에게 깊은 감사의 말을 전한다.

그리고 이 책의 원고를 읽은 뒤에 사려 깊고 중요한 피드백을 적극적으로 제공해준 친구들, 진 비티, 브릿 베틀리너, 셸비 코피, 스티브 코헨, 마이클 디비토리오, 스테이시 얼렌바흐, 데이비드 글레이드 목사님, 토머스 B. 히스, 토머스 L. 히스, 애비 하이츄, 소피 존슨, 미리엄 클레이먼, 진 마모, 데이브 마칙, 토냐 맥넵, 댄 맥비카, 매트 리스, 조나산 릭, 마이클 루빈, 마이클 슬라이니 신부님, 미셸린 탕, 알리디아 울만, 아리아 울만, 그레이스 울만에게 진심으로 고마움의 뜻을 전한다.

내가 점심 식사, 저녁 식사, 파티, 자전거 모임, 승마장 등을 가리지 않고 불쑥불쑥 이 책에 관한 이야기를 늘어놓을 때 열심히 귀 기울여주고 피드백을 전해준 수많은 사람에게 감사드린다. 이 책의 제목을 추천해준 사라 마틴에게도 고마운 마음을 전한다.

내가 지난 25년간 멘토링을 담당한 대학생과 졸업생들도 이 책에 담긴 개념과 교훈을 실험하고 다듬는 데 큰 역할을 해주었다. 그들 모두에게 깊이 감사한다.

아마도 가장 큰 목소리로 감사의 말을 전해야 할 사람들은 이 소중한 교훈을 가르쳐준 열다섯 명의 등장인물일 것이다. 아데나, 아서, 빌 콘웨이, 빌 케너드, 찰스, 다니엘, 댄, 데이비드, 글렌, 존 해리스, 존 케이식, 루, 미치, 올랜도, 그리고 살레. 당신들은 나를 독려하고, 꾸짖고, 도발하고, 성장시킴으로써 내가 지금의 모습으로 발전하는 데 큰 영향을 미쳤다. 진심으로 고마움을 표한다.

옮긴이 | **박영준**

대학교에서 영문학을 전공하고 대학원에서 경영학을 공부한 후 외국계 기업에서 일했다. 바른번역 소속 전문 번역가로 활동 중이며 국제 정치, 경제, 경영, 자기계발, 첨단기술 등 다양한 분야의 책을 번역하고 있다.

옮긴 책으로는 《행동은 불안을 이긴다》, 《프로젝트 설계자》, 《나폴레온 힐과의 마지막 대화》, 《열두 개의 성공 블록》, 《존 맥스웰 리더십 불변의 법칙》, 《당신이 생각하는 모든 것을 믿지 말라》, 《시간 해방》, 《컨버전스 2030》, 《우버 인사이드》, 《세상 모든 창업가가 묻고 싶은 질문들》, 《포춘으로 읽는 워런 버핏의 투자 철학》, 《언러닝》 등이 있다.

## 네 명의 억만장자와 한 명의 주차관리원

초판 1쇄 발행   2025년 6월 25일

**지은이** 크리스토퍼 울만
**옮긴이** 박영준

**책임편집** 이정아
**마케팅** 이주형
**기획개발** 오민정, 이상화, 윤지윤
**제작** 357 제작소

**펴낸이** 이정아
**펴낸곳** (주)서삼독
**출판신고** 2023년 10월 25일 제 2023-000261호
**이메일** info@seosamdok.kr

© 크리스토퍼 울만
ISBN  979-11-93904-39-8  (03320)

- 이 책은 저작권법에 따라 보호받는 저작물이므로 무단전재와 무단복제를 금지하며, 이 책 내용의 전부 또는 일부를 이용하려면 반드시 저작권자와 출판사의 서면동의를 받아야 합니다.
- 잘못된 책은 구입하신 서점에서 바꿔드립니다.
- 책값은 뒤표지에 있습니다.

서삼독은 작가분들의 소중한 원고를 기다립니다. 주제, 분야에 제한 없이 문을 두드려주세요.
info@seosamdok.kr로 보내주시면 성실히 검토한 후 연락드리겠습니다.